Manuale per giovani artisti
(italiani semplici)

Meme e sistema dell'arte italiano

Giulio Alvigini

sartoria editoriale

Manuale per giovani artisti (italiani semplici)
Meme e sistema dell'arte italiano
di Giulio Alvigini

© 2020 Postmedia Srl, Milano

Tutte le immagini sono tratte dal profilo Instagram di Giulio Alvigini
MAKE ITALIAN ART GREAT AGAIN (https://www.instagram.com/
makeitalianartgreatagain/)
Copertina: Carmen Marcianò

www.postmediabooks.it
isbn 9788874902910

È BRAVO, MA NON SI APPLICA
GIULIO ALVIGINI, L'UOMO DIETRO I MEME

prefazione di Marco Roberto Marelli

Giulio Alvigini sa essere terribilmente noioso. Con lui si possono passare ore e ore a parlare di linguistica e di "memetica", tematiche che solo Federico Zeri avrebbe saputo rendere divertenti.

Questo 2020, oltre a nuove competenze digitali, ci ha regalato due libri importanti per un giovane artista italiano semplice: *Memestetica. Il settembre eterno dell'arte* di Valentina Tanni e *Teoria del lavoro reputazionale* di Vincenzo Estremo; Giulio li ha letti e riletti entrambi, tediato gli amici sul tema, non ha solo pubblicato la copertina del libro in formato storia instagram, come tantissimi insider.

Poi, è uno Shazam dell'arte, sfiora la paranoia quando parte a elencare date e mostre. Se ne dimentica una, è la fine, si isola nel suo mondo nerd fino a quando non trova la soluzione.

Poi, è bravo ma se ne frega, nel suo processo estetico e di comunicazione abbandona ogni conoscenza e competenza per riversare la rete di battute da opening che, certo, poteva fare quasi chiunque. Anzi, peggio, battute volutamente pressapochiste, sempre irritanti, con un sottofondo malinconico. Il suo è il ruolo del Giullare, di chi sfotte il sistema facendone parte, valvola di sfogo di un mondo dell'arte poverissimo di competenze e ricco di giudici. Alla fine, in Italia, siamo tutti allenatori della nazionale ed esperti d'arte.

Nato calciatore, caduto artista, Alvigini apre la sua presenza nel mondo dell'arte legandosi al fare di Maurizio Cattelan, ne diventa un giovane e semplice *alter ego*, abbassa il mito giocando sui suoi stessi canali culturali e di comunicazione. Abbassa e parodia l'estetica del gioco, tema sottile che corre al padre nobile Boetti: in un mondo dove tutto vale e tutto si fa prodotto, le opere di Alighiero divengono "arazzini", memi *ante litteram* venduti al taglio, come in pizzeria.

E poi c'è il vero amore: Ilaria Bonacossa. Nel 2017 affigge un fotografatissimo striscione da stadio su una cancellata sita lungo l'interminabile percorso verso l'ingresso "ovale" di Artissima: *Ilaria Bonacossa 6 la mia vita*. Peccato sia stata sua l'idea, scampato il pericolo di vederlo fra le opere di punta di una collezione famosa. Ma Giulio scherza, forse.

In pieno stile Alvigini ho tentato di scrivere questa introduzione, non pagata, che non parla del libro che leggerete, seguendo la moda dei tanti testi critici formato "foglio di sala" che non parlano della mostra ma che contengono coltissime riflessioni, con pochissime spiegazioni.

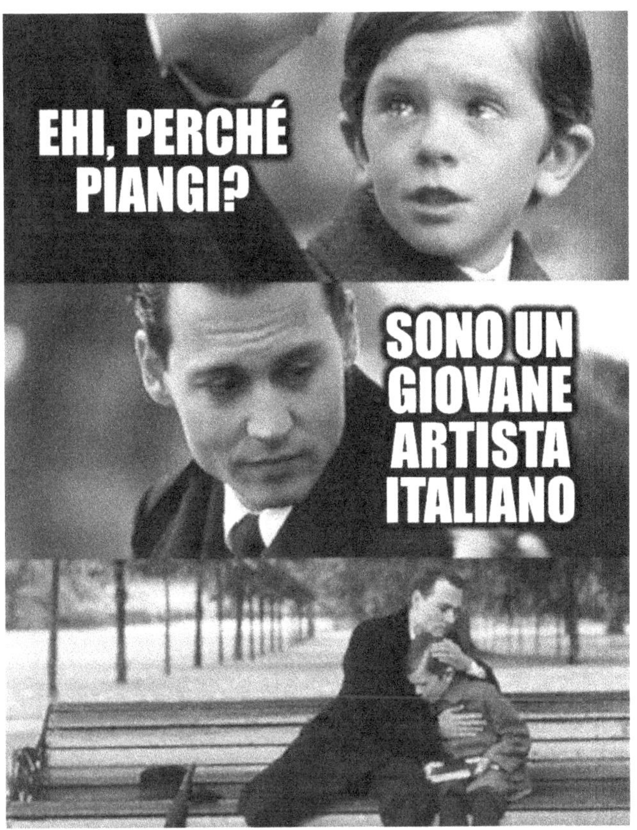

EHI, PERCHÉ PIANGI?
SONO UN GIOVANE ARTISTA ITALIANO

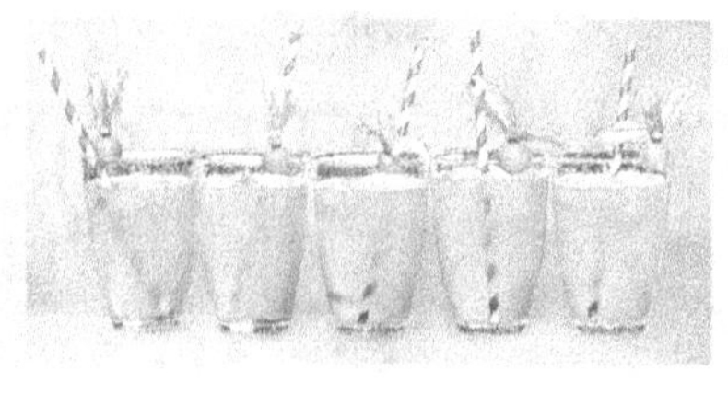

Manuale per giovani artisti
italiani semplici
post media

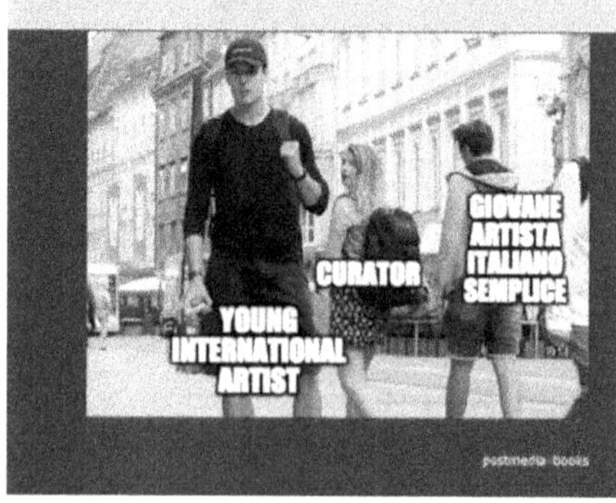

Become a Curator
giovane, italiano e semplice
CURATOR
GIOVANE
ARTISTA
ITALIANO
SEMPLICE
YOUNG
INTERNATIONAL
ARTIST
postmedia books

ALLA PITTURA, PREFERISCO LA SAGGISTICA
INTRODUZIONE

Nel 2018 realizzai le immagini che vedete qui a fianco, in cui parodiavo le copertine di due capisaldi del catalogo della casa editrice Postmedia Books: *Manuale per giovani artisti* di Damien Hirst e *Become a Curator* a cura di Gianni Romano.

Tengo a precisare che, all'origine di quell'operazione, non vi fu una reale e studiata strategia persuasiva — con gli obbiettivi e gli incentivi del marketing più casereccio — quanto la più scontata e genuina gratuità di un *detour* ironico. Ciò nonostante, sulla pagina IG @makeitalianartgreatagain, nelle interviste e nelle dichiarazioni che mi capitarono nei mesi successivi, iniziai — più o meno sistematicamente — a millantare dell'esistenza di un mio *pamphlet* in preparazione e della sua imminente pubblicazione: il famigerato "Manuale per battute da opening". Ovviamente, tutto rigorosamente falso; non ne era auspicabile in quel momento la stesura, né si presentava come una necessità viscerale porla in essere.
Tutto bene fino a quando, nel novembre del 2019, Postmedia mi propose di dare alle stampe quel "Manuale per battute da opening" di cui simulavo il *work in progress*.

Ed eccoci qua.

Il libro che state sfogliando non è un Manuale per giovani artisti, è semmai un "libro d'artista" che finge di essere un Manuale per giovani artisti; che è anche una raccolta di battute, meme e freddure; che è soprattutto il mio personale sguardo sul sistema artistico; che al mercato (dell'arte) mio padre comprò.

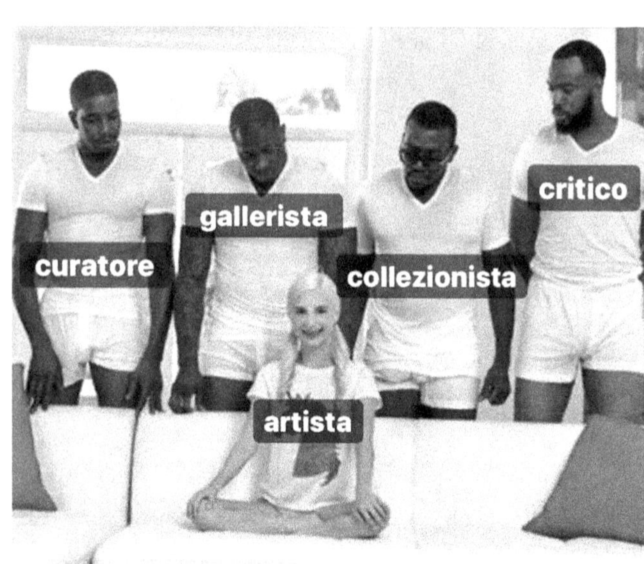
curatore
gallerista
collezionista
critico
artista

Non va dimenticato che scrivere un testo come questo — in un momento particolarmente complesso per l'intera società come per il nostro insignificante mondo dell'arte — implica il porsi la questione del fare ironia su determinati rituali, soggetti e istituzioni che saranno costretti a riconfigurarsi, se non addirittura a liquefarsi, sotto le stringenti necessità della sanità mondiale.

Nello specifico, potrei accorgermi in queste pagine di aver testimoniato soltanto dei comportamenti che, a causa di concreti motivi di sopravvivenza, non potranno più essere messi in pratica. Per esempio nel momento in cui delineo le modalità di approccio e accoppiamento durante un opening.

Lungi da me trattare seriamente in questa sede ipotesi, scommesse o qualunque tipo di catechetico commento futurologico sul mondo dell'arte post-Covid. Dopotutto, questa è solo una raccolta di scherzi: se tra una stronz**a e l'altra sono inciampato nella teoria o nella cronaca, mi scuso in anticipo, promettendovi per la prossima volta di fare molti più danni.

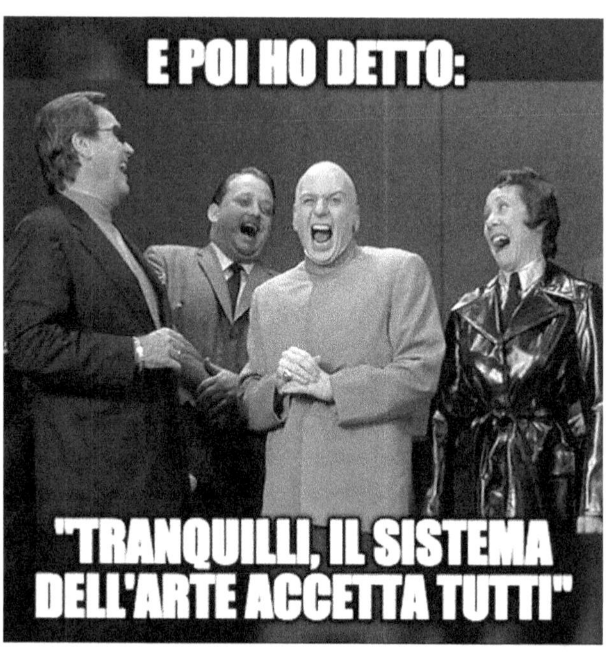

E POI HO DETTO:
"TRANQUILLI, IL SISTEMA DELL'ARTE ACCETTA TUTTI"

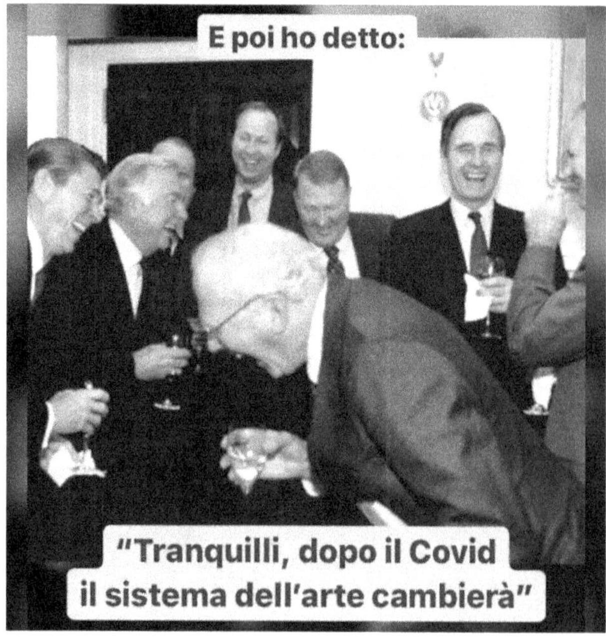

E poi ho detto:
"Tranquilli, dopo il Covid il sistema dell'arte cambierà"

I BRAVI ARTISTI COPIANO
I GRANDI ARTISTI FREEBOTANO

Già mi sembra di sentirli i pop-puristi:

- «tradurre nel cartaceo una pratica tendenzialmente immateriale ed effimera come il "meme" significa snaturalo, estrapolarlo dal luogo elettivo, disinnescare la sua potenza destabilizzante»;

- «qualcosa di simile l'aveva già fatto Tommaso Labranca»;

- «esistono già pagine Instagram internazionali — come @jerrygogosian e @freeze_magazine — che ironizzano sul mondo dell'arte servendosi dei meme»;
- «è una pagina di battute... quali altri stratificati concettualismi poteva mai celare?».

Bene, parliamone.

Essendo io disinvoltamente disinteressato all'autentica e aurorale vocazione del meme (mi considero fieramente *"normie"*), sono conseguentemente lontano dalle posizioni più integraliste rispetto agli usi di questo linguaggio. Considero invece particolarmente affascinante e coerente al mio percorso questa "sfida" editoriale, che mi ha permesso di "fissare nell'Essere istituzionale, il Divenire *in progress*" e inafferrabile di una pratica ontologicamente instabile e messa costantemente in discussione (sempre meglio trovarsi su Flash Art cartaceo che Flash Art online, no?).

Tommaso Labranca, geniale e caustico come solo lui riusciva, ha fatto qualcosa di molto diverso con il suo *Vraghinaroda*, mentre io mi limito semplicemente a produrre memini (che tra l'altro lui odiava).

– Che bel cane!
– Grazie! Si chiama **MiBACT**
– Posso accarezzarlo?
– Certo, non fa niente **per l'arte contemporanea**

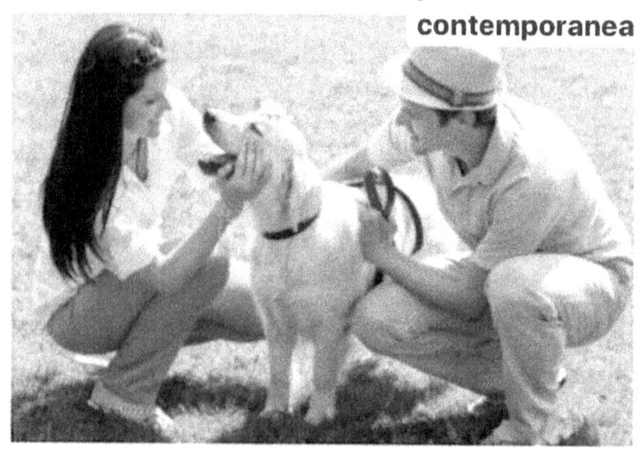

Dove fa male

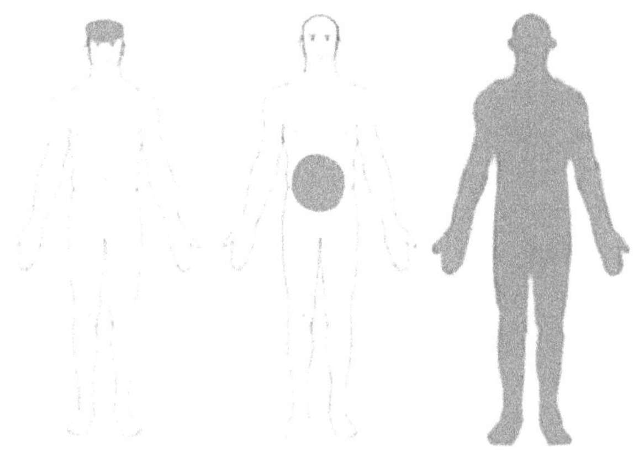

I due profili IG sopracitati — e se ne potrebbero aggiungere
altri — sono nati parecchi mesi dopo il mio e paragonarli
sia cronologicamente sia numericamente, si rivelerebbe
futile sotto vari punti di vista, oltre che un'evidente perdita
di tempo. Siamo palesemente costellati da determinanti
differenze: contesto internazionale, dichiarata forma di
critica, anonimato e collettività nella produzione di contenuti
per Jerry & co; focalizzazione nazionale, pratica travestita da
simulazione critica e trasparenza nell'autorialità, per la mia.

Tirare le fila e declinare teoricamente l'articolata progettualità
di un'apparentemente triviale paginetta Instagram — di
cui mai, fino ad ora, mi sono preoccupato di giustificare
pubblicamente l'aderenza al mio lavoro — è tra gli obbiettivi
delle prossime pagine.

Il tutto infarcito della più onesta sintesi, raccolta di riflessioni
e pseudo-divagazioni personali sullo straordinario ecosistema
dell'arte.

Ricordatevi però, "sono solo barzellette".

Come pensi di spiegare il tuo lavoro

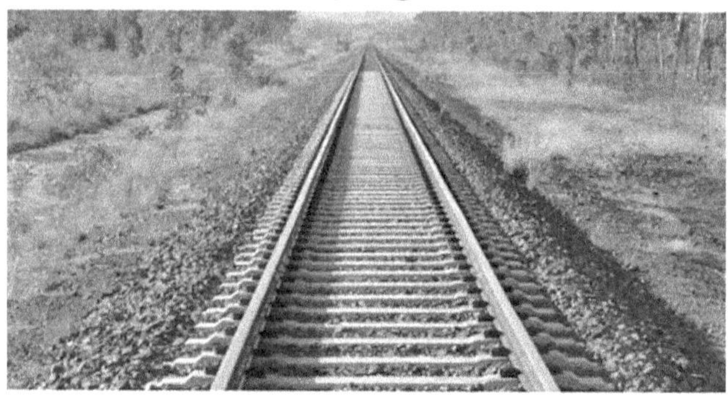

Come lo spieghi realmente

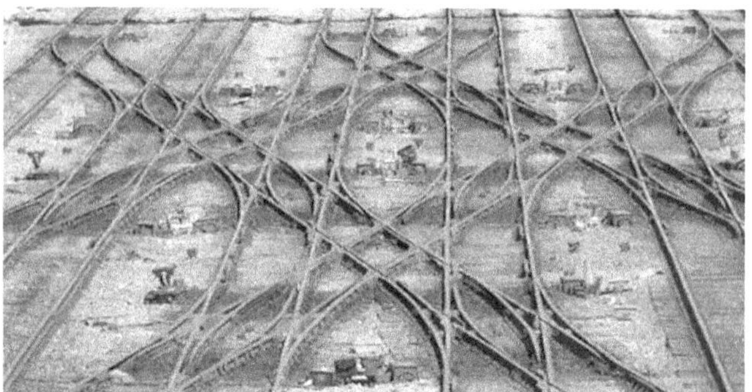

Come gli altri spiegano il tuo lavoro

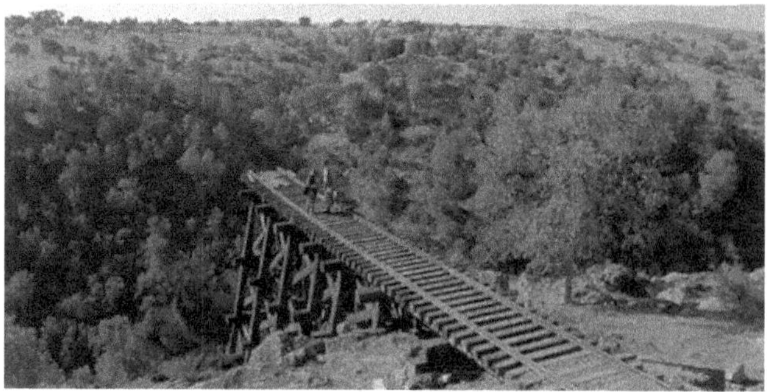

OPENING

VOLEVO DIVENTARE MAURIZIO CATTELAN
SONO DIVENTATO MAURIZIO CROZZA

Non saprei fare il comico (anche questa è un'arte), ma ho sempre amato far ridere. Credo si possa considerare condizione necessaria e sufficiente per giustificare una qualunque attitudine che faccia libero uso delle forme del sarcasmo e dell'ironia. Non solo per i pianificati meccanismi del riconoscimento e della comunicazione facile, ma anche per la schietta sintonia e familiarità che si riscontra tra certe modalità espressive e i temperamenti individuali.

Come vedrete, questo libro si divide in due macro-capitoli intervallati da un intermezzo. Nel primo, "La Commedia dell'arte italiana", passerò in rassegna, attraverso un'indagine spassionata, le principali figure che abitano l'ambiente artistico nostrano e di cui il Giovane Artista Italiano Semplice (da qui in avanti G.A.I.S.) dovrà obbligatoriamente avere contezza. Nel secondo, più autoriflessivo, "Come ottenere un rapido e immeritato successo in arte" (sì sì certo, ricorda Tom Wolfe), chiarirò le motivazioni che mi hanno portato a intraprendere una non-carriera fallimentare nel magico mondo dell'arte. Il tutto, accompagnato dalla cascata di meme e battute prodotte in questi anni.

Restano da sciogliere le ragioni più intime che mi hanno condotto ad abbracciare questo progetto, e che mi permettono di sedare fin da subito le ulteriori perplessità che il lettore fatica a nascondere dietro quell'enorme espressione interrogativa disegnata sul suo volto. Risponderò con una lista. Ne userò tante nelle prossime pagine perché provo una pulsione feticista per le elencazioni che trovo, inoltre, efficaci e coerenti con lo stile di questo libro.

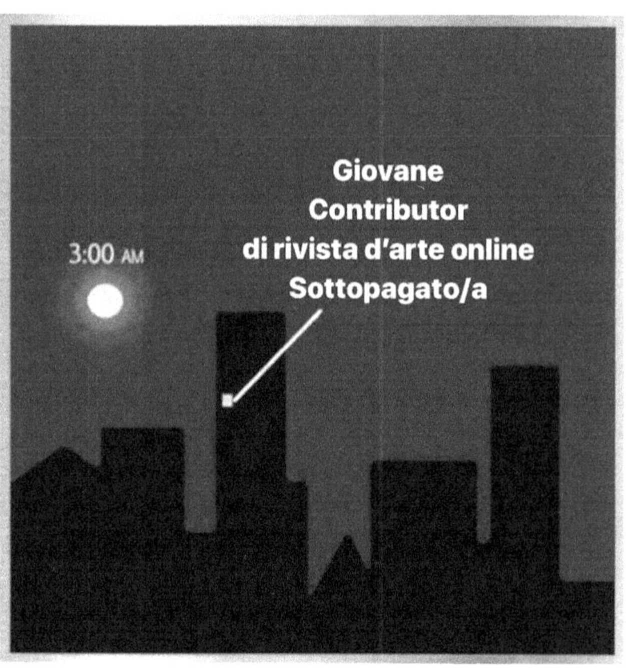
3:00 AM
Giovane
Contributor
di rivista d'arte online
Sottopagato/a

«Quindi Giulio, perché?»

Naturalmente volevo far parlare di me.

Perché se l'arte ha a che fare con le ossessioni, la mia
ossessione è ciò che incornicia l'arte come tale.

Perché volevo diventare il giullare del mondo dell'arte, non
il sofisticato ironizzatore, ma lo sciocco e gratuito buffone
di corte.

Perché penso che non ci sia più nulla contro cui combattere,
in quanto ogni aspetto è già stato risolto in un unico modello
a cui uniformarsi.

Perché credo che la più grande opera italiana contemporanea
sia il suo sistema.

Perché mi sono sempre preoccupato di essere assolutamente
serio nel "non prendermi sul serio".

Perché volevo accorciare la filiera; invece di produrre
un lavoro e poi comunicarlo, mi interessava fare della
comunicazione del lavoro, il lavoro stesso.

Infine, perché andava scritto e, soprattutto, perché ho sempre
sognato di essere io a farlo.

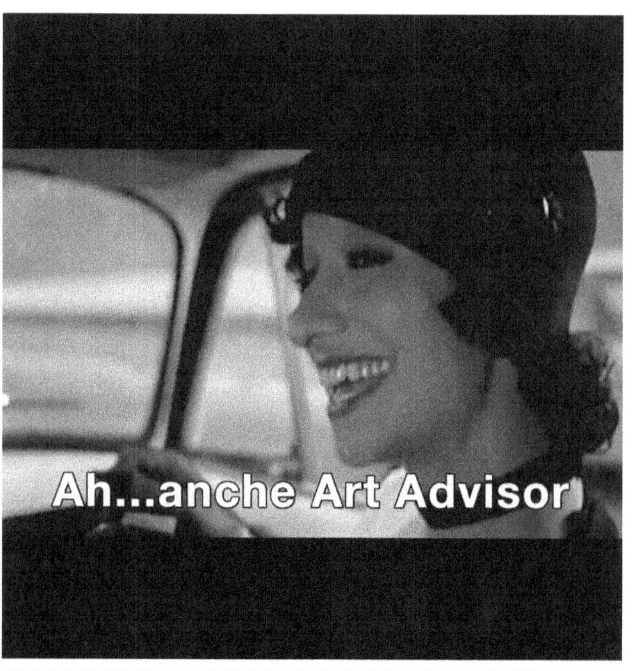
Ah...anche Art Advisor

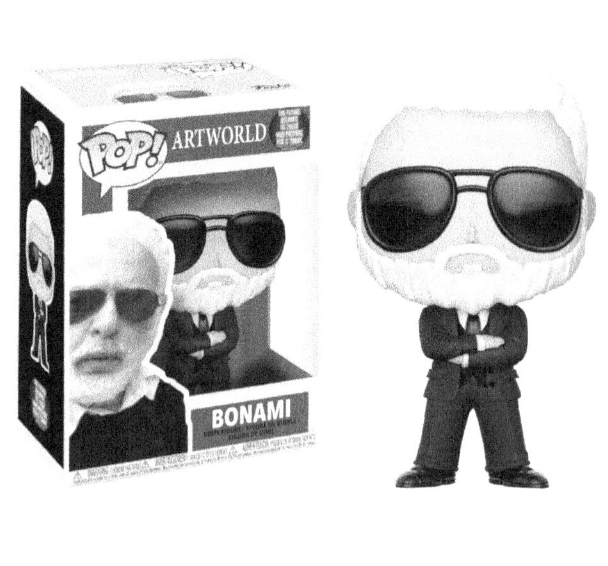
POP!
ARTWORLD
BONAMI

La Commedia dell'arte italiana

PROLOGO: IL RE È NUDO (E ALLORA?)

SPOILER post-Covid (non cambierà nulla)

Il sistema dell'arte esiste.

Parto da questa non-così-scontata affermazione, perché in
più occasioni mi è capitato di sentire il contrario. Qualche
volta dalle stesse personalità che ne rappresentano un solido
ingranaggio; altre volte da chi — per sbarramenti in entrata
effettuati dal sistema stesso — non ha mai avuto la possibilità
di farne parte o da chi ne ha annusato il coinvolgimento per
un unico ballo estivo.

A mio parere, sarebbe sufficiente la sua ipotesi di
"pensabilità" per considerarlo sufficientemente reale.
Dunque, siete liberi di pensarla come volete, ma che il
sistema-mondo dell'arte esiste è un dato di fatto. Ed esiste
aderentemente con il suo essere contenitore di oggetti,
situazioni e ruoli che influenzano pesantemente la vita
di chi ricopre un'attività o tenta di intraprendere una
professione al suo interno.

Dirò di più. Trovo maggiormente soddisfacente utilizzare
l'etichetta di "cornice sociale", in quanto, molto più efficace
leggerlo non solo come insieme di oggetti (le opere), di
luoghi (musei, fondazioni, gallerie, spazi alternativi…),
di eventi (mostre biennali, triennali, quadriennali, ultra-
ennali e a-nali) e di personaggi (curatori, galleristi, critici,
collezionisti, giornalisti e — ultima ruota del carro —
gli artisti). Esso è anche, e soprattutto, un insieme di
convenzioni, stereotipi e conformismi; regno dell'apparire,
dell'informatività opaca e dei mercati sommersi; struttura
perfettamente candidabile alle letture più critiche

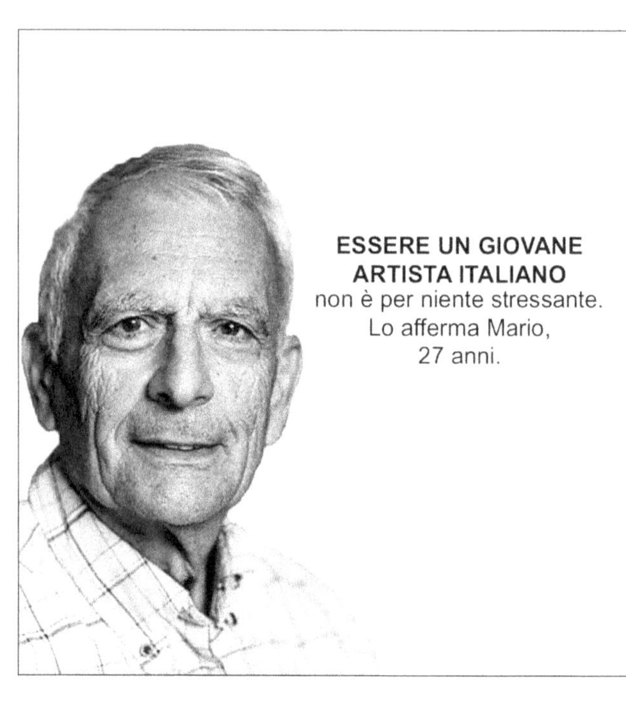
ESSERE UN GIOVANE
ARTISTA ITALIANO
non è per niente stressante.
Lo afferma Mario,
27 anni.

contemporanee, quali la legittimazione dell'autosfruttamento
e della servitù volontaria, dell'economia della presenza e
della teoria reputazionale.

Se esiste un re, il fatto che sia nudo non sconforta né
provoca proprio nessuno. Anzi, semmai è proprio il
contrario: più è iper-realmente demistificato e più la fittizia
auto-soddisfazione di disvelamento che accende il popolo
«babbano» non fa altro che alimentarne la macchina
compulsiva e famelica che-tutto-digerisce e conferma. Il re
desnudo è suo agio.

L'attuale sistema dell'arte è come uno sfavillante circo
Barnum gestito da un pugno di potenti player/impresari, con
gatekeepers/domatori di leoni che controllano gli accessi
in entrata, saltimbanchi e acrobati, pseudo-protagonisti
e tantissime comparse. È una corte medievale diffusa,
decentralizzata e frastagliata la cui piramide feudale è tronca,
e le fondamenta sorgono ormai sulle macerie che la società
liquida porta con sé: il risultato non può che essere un
informe castello di fango del potere.

Ma tranquilli, il sistema dell'arte ha anche dei difetti.

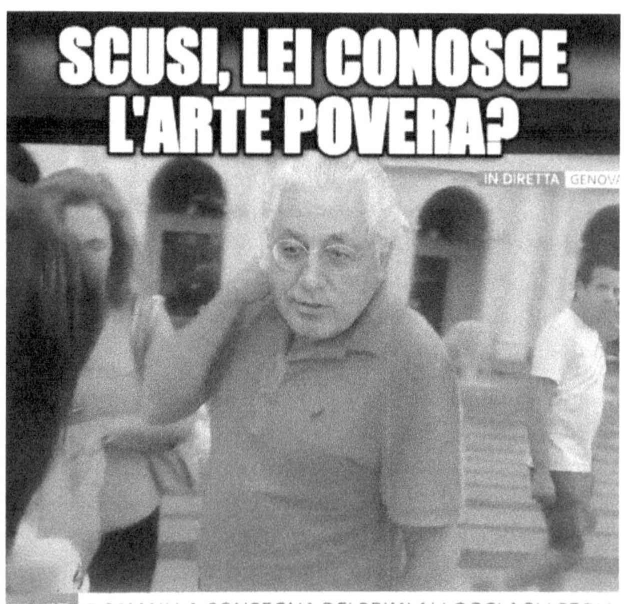

SCUSI, LEI CONOSCE L'ARTE POVERA?
IN DIRETTA GENOVA
ONTE DOMANI LA CONSEGNA DEI PRIMI ALLOGGI AGLI SFOLL
, SINDACO BUCCI A SKY TG24: DOMANI I PRIMI ALLOGGI AGLI SFOLLATI

LA COMMEDIA DELL'ARTE ITALIANA

Col trattore alla Biennale, Andiamo a comandare

In ciabatte in Quadriennale, Andiamo a comandare

Sboccio arte un po' banale, Andiamo a comandare

La Biennale 2003 di Checco, la Quadriennale di Sarah, il MAMbo di Lollo, la Fondazione della Patty. Questo registro conversazionale richiesto, pena immediata radiazione dai circuiti-bene dell'arte contemporanea, prevede una spontanea simulazione di falsa confidenza e intimità attraverso l'utilizzo del nome di battesimo del super-*curator* o dell'*artistar* di turno, quale ritualistica dimostrazione di appartenenza a una tribù di cui ci si illude di fare parte. Ed è forse proprio questa la più grande arma di sterminio che-tutto-giustifica e che ratifica qualunque tipologia di abuso e genuflessione a ogni livello della scala gerarchica. L'elitarismo peggiore, quello mistificatorio, fintamente impegnato e soprattutto auto-suggestionato; l'esclusivismo masturbatorio di un sistema che colonizza e soffoca ogni possibilità di fuoriuscita sana, pena la paura dell'estromissione.

La Commedia dell'arte italiana presenta tutte le storture miniaturizzate e riflettenti di una macchina spettacolare molto più vasta e complessa. Quella dell'*artworld* internazionale è un'esibizione sul palcoscenico globalizzato in cui, sembra inutile dirlo, alla situazione italiana è affibbiato un mediocre ruolo di comparsata.

Forse il vero fattore soggetto a sbiadimento è stato forse quel suo *appeal* "del-fatto-bene", soppiantato su questo terreno da nuove e spumeggianti realtà emergenti.

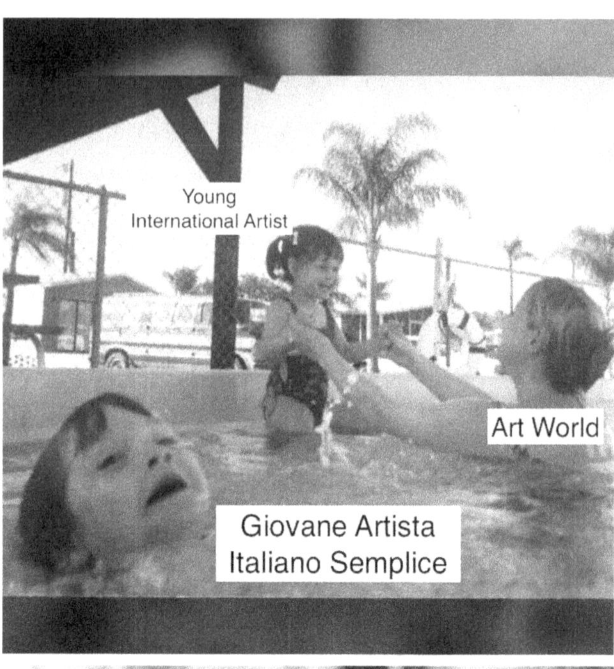

Young
International Artist
Art World
Giovane Artista
Italiano Semplice

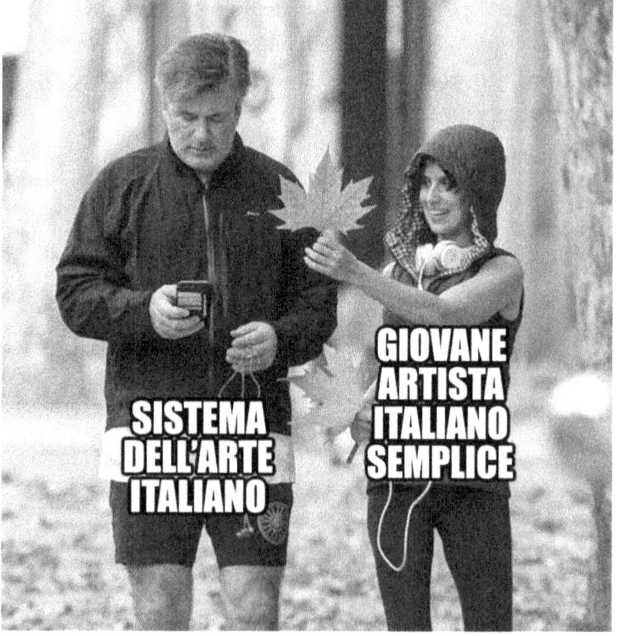

SISTEMA
DELL'ARTE
ITALIANO
GIOVANE
ARTISTA
ITALIANO
SEMPLICE

Questo è infatti scaduto in un autoreferenziale provincialismo di maniera, troppo preso dalla fuliggine del proprio ombelico per occuparsi di altro, o sterile al punto da appiattirsi nella riproposizione di formule rassicuranti e storicizzate o di deflagranti international-stylismi. Magari il recupero di un certo "esotismo nostrano" potrebbe rivelarsi la chiave di volta per una nuova-ma-coerente appetibilità della produzione artistica italiana: senza necessariamente scadere nei sempiterni "pizza-mafia-e-mandolino" o *"made in Italy"*, ma attraverso la ri-attualizzazione di energie primarie, di *totem* e di certi costumi senza tempo.

Questo è il sistema dell'arte italiano, attraversato da tipologie fisse e maschere stereotipate che transitano tra il mainstream del grande evento e un sottobosco sciattamente hipster pullulante di *contributor* non-pagati, curatoruncoli improvvisati e artistucci ansiosi di parlarti del loro ultimo, insignificante, progetto. Una variegata fauna di individualità dalle opinioni copincollate e altre mitologicamente frustrate e frustranti creature.

Sipario!

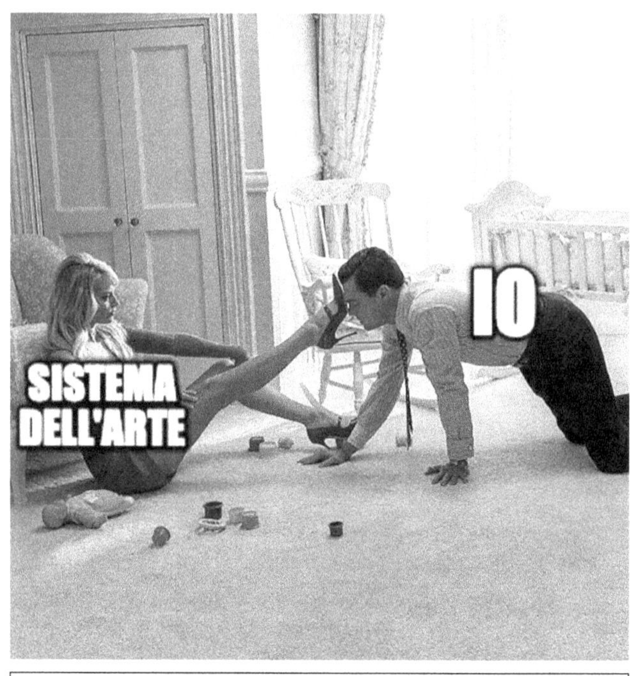

SISTEMA DELL'ARTE
IO

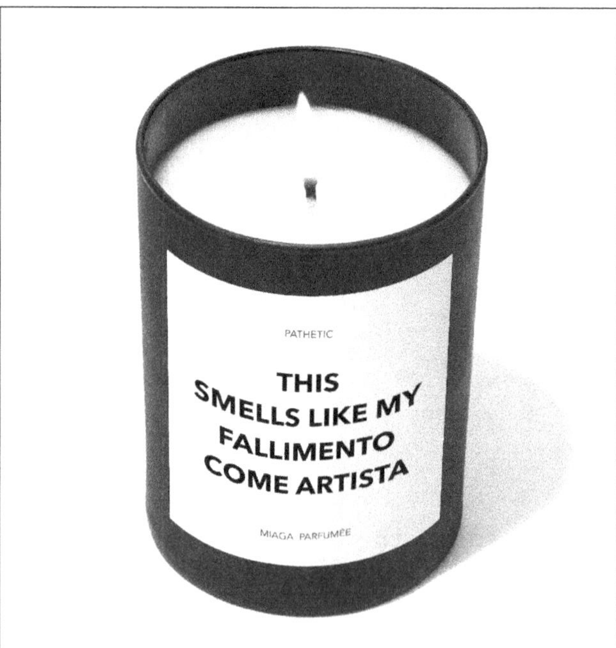

PATHETIC
THIS SMELLS LIKE MY FALLIMENTO COME ARTISTA
MIAGA PARFUMÉE

IL GIOVANE ARTISTA ITALIANO SEMPLICE

Al "chi ce l'ha più lungo" dell'arte internazionale,

l'arte italiana risponde che "l'importante è saperlo usare"

Quella del Giovane Artista Italiano Semplice è forse la creatura più pateticamente speciale — e anche la mia personalissima etichetta più riuscita — che compone quell'humus tossico che caratterizza il nostro scenario sistemico.

Partiamo dal fondo: l'aggettivo "semplice" viene utilizzato, nella memetica più *poser*, per la costruzione di battute in cui si vuole fare ironia evidenziando un cliché (es. "Sono un ragazzo semplice – Visualizzo un messaggio di WhatsApp, rispondo dopo tre ore").

Il G.A.I.S. ha studiato presso un'Accademia di Belle arti italiana, dove un rigoglioso quanto virulento team di docenti (alcuni, non tutti ovviamente) frustrati dal mancato raggiungimento di un riconoscimento istituzionale (ahimè che disgrazia!), lo ha prontamente iniziato alla demo-meritocrazia dell'arte, commista a quella ricerca esasperata di successo — tempestivamente sublimato dai media di settore —, non facendo altro che produrre una schiera di creatori–non–creativi, dalla presunta artisticità, impreparata ad affrontare i meccanismi e le logiche che l'oceano rosso sangue del mondo dell'arte ha riservato per loro.

Il G.A.I.S. pratica un iper-presenzialismo vuoto partecipando voracemente agli opening più di tendenza per sviluppare, parallelamente al suo lavoro, le consuete pubbliche relazioni, senza le quali un percorso artistico insignificante non reggerebbe.

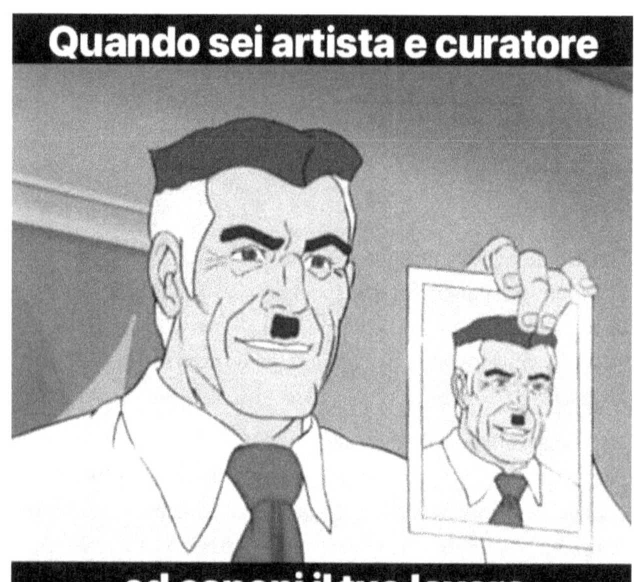
Quando sei artista e curatore
ed esponi il tuo lavoro
alla mostra che curi

Il G.A.I.S. accusa quotidianamente il sistema dell'arte italiano dell'incapacità di valorizzare la sua opera. Le gallerie e gli addetti ai lavori preferiscono rinnovare le loro collaborazioni con valori più maturi e stabili o con giovani stranieri (alias Young International Artist), diventando così il capro espiatorio del loro mancato esordio istituzionale.

Tutti motivi per cui il G.A.I.S. soffre di un particolarissimo complesso di inferiorità nei confronti del collega straniero — da cui deriva quell'afflato di emulazione esterofila —, e contemporaneamente di un altrettanto nocivo complesso di sbarbata e ottusa superiorità. Dopotutto è lui il diretto erede di Giotto, Michelangelo, Bernini, Fontana, l'Arte Povera, la Transavanguardia, Cattelan, cazzi mazzi e ramurazzi.

Voilà, il Giovane Artista Italiano Semplice.

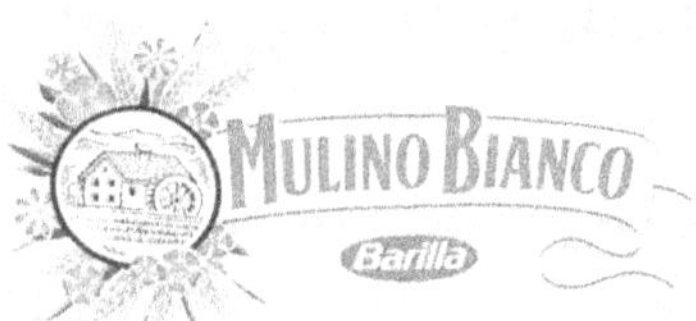

le **Curatele**

con il 100% di Budget in meno

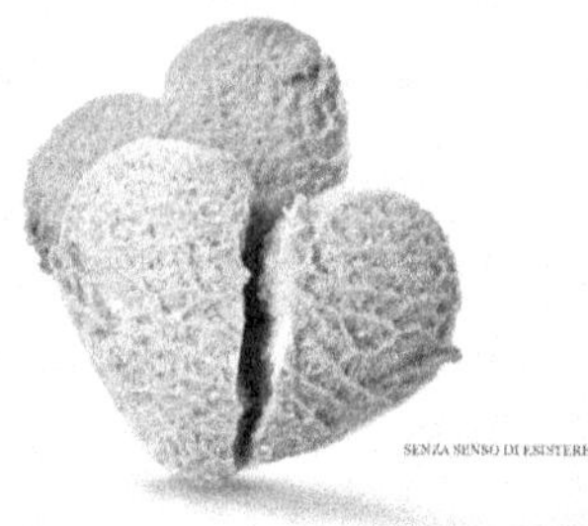

FATE L'AMORE CON IL CURATORE

Che fai nella vita? Vaffan-curo

Incontriamo qui il corrispondente nell'ambito della curatela del giovane artista: il giovane curatore italiano semplice.

Sorvoliamo volutamente sulla figura del "curator" — *deus ex machina* dell'anticonformismo programmato, eroe della mondanità e maestro nell'aprioristica adesione all'attualità del «va bene tutto, basta che coincida con lo *zeitgeist*» e indipendente da ogni cosa fuorché dall'*establishment* — in quanto figura la cui antologica "dittatura" sembra non corrispondere più alle esigenze e alle tematiche fenomenologiche del presente (vedi l'efficacia di soluzioni più "*in*" come i collettivi curatoriali).

Entrambi sono i rampolli di una generazione il cui futuro, desertificato di ogni propositiva possibilità progettuale, obbliga al costante ripensamento e reinvenzione nel brevissimo, massimo medio, periodo. Eternamente giovani – come il compagno-di-merende – il giovane artista è da considerarsi freschissimo novellino almeno fino alle 23:59 del giorno prima del trentacinquesimo anno di età, o almeno così è secondo la logica dei bandi e dei premi – entrambi abbracciano la logica dell'instabilità economica («tanto paga il babbo») o dell'occupazione temporanea dissimulata («meglio che gli altri non sappiano che mi mantengo consegnando le pizze o ne andrebbe della mia reputazione agli occhi del sistema»).

È convinto che sia sufficiente il "corso giusto", nella "Fondazione giusta", che ti fa conoscere le "persone giuste", per potersi auto-investire del suddetto ruolo, dimenticandosi che, come per gli artisti, anche la mamma dei curatori improvvisati è sempre incinta.

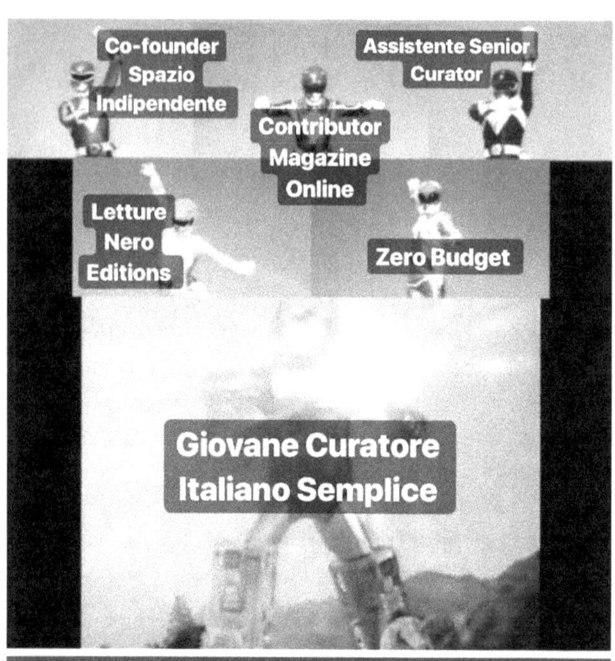

Co-founder Spazio Indipendente
Assistente Senior Curator
Contributor Magazine Online
Letture Nero Editions
Zero Budget
Giovane Curatore Italiano Semplice

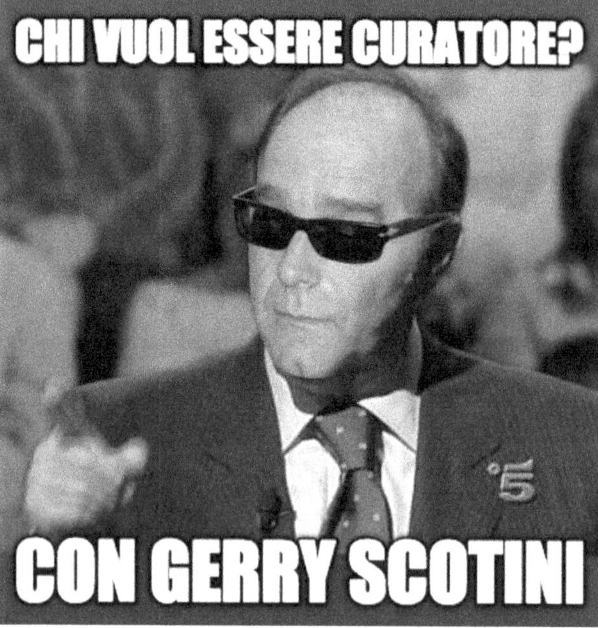

CHI VUOL ESSERE CURATORE?
CON GERRY SCOTINI

A tempo quasi-perso scribacchia qualcosa per il magazine online di settore (i più fortunati possiedono una rubrica "tutta loro" dove dedicare i meritati focus ai propri amici) o per la nuova «*fringissima*» rivista, talmente insondabile e "off-off" da poter essere apprezzata soltanto dalla cerchia dei membri ideatori. Tutto (non servirebbe specificarlo) minuziosamente non rimunerato. Il giovane curatore è quindi anche intimamente "founder"; non importa che si tratti di un magazine, di uno spazio indipendente o di "un'esclusivissima piattaforma/dispositivo esperienziale non richiesto", quello che è importante è "fondare", aggiungere roba inutile all'esistente, e "con-fondere", non essere mai chiari e rimanere talmente sul vago da non poter essere smentiti in alcun modo.

Anche quando ci prendi una caffè spensierato, assumono l'aria decadente e annoiata di chi ha già letto tutti i libri di "Not", riuscendo mirabilmente a mimetizzare l'angoscia per l'affitto in scadenza e l'assenza di collaborazioni retribuite.

Ma certo! Perché dovrebbero pagarti se tutto fa curriculum?

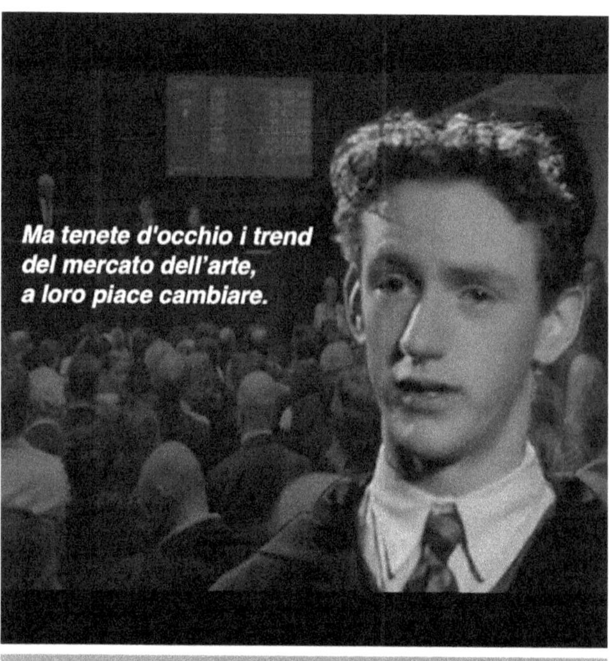
Ma tenete d'occhio i trend
del mercato dell'arte,
a loro piace cambiare.

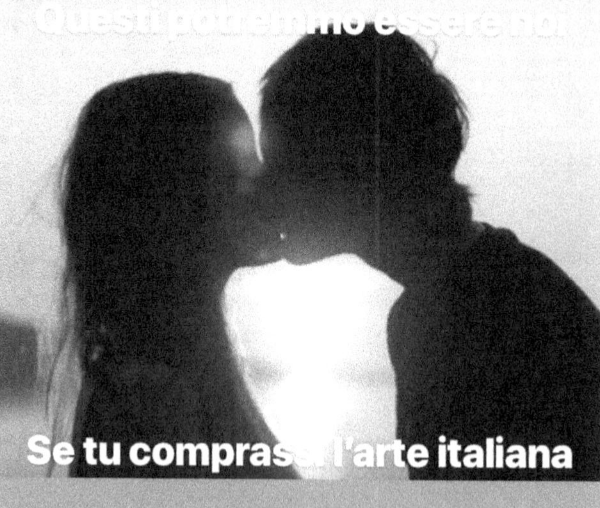
Questi potremmo essere noi
Se tu comprassi l'arte italiana

LA COLLEZIONE DEI CAMPIONI

*Se mettessimo all'entrata di ogni spazio espositivo
un cartello con su scritto «VIETATO L'INGRESSO AI NON
ADDETTI AI LAVORI», quanti si arrogherebbero il diritto
di accesso?*

Il collezionista è il vero protagonista di questo Carnevale
dell'arte, che piaccia o meno. Un po' perché glielo si fa
credere, ma anche perché, effettivamente, il carro senza di lui
non girerebbe. Conoscitore delle logiche e dei meccanismi
economici — molto più delle tendenze artistiche — è il più
brillante allievo di quella scuola promossa dal curatore, dove
si professa l'egemonia dell'informazione a discapito della
pura conoscenza.

Le tipologie del collezionismo sono tante, almeno quanto
le biennali nel mondo. Poco importa che siano travestite
dalla cieca filantropia o dall'ambiziosa quanto difficile
eventualità di essere paragonati a Peggy Guggenheim. Sono
tutte riconducibili a poche socio-psicoanalitiche e scolastiche
motivazioni: ricerca del riconoscimento; *status symbol* e di
tutti quei valori "sociali" che l'acquisto comporta; forme del
feticismo (peni mancanti e castrazioni) e del desiderio (di
possedere e di apparire).

Inutile perdersi qui in commenti a proposito dei livelli
più influenti della piramide, in quanto non direttamente
esperibili dal G.A.I.S. (a lui basta sapere che un male oscuro
attanaglia la parte più vertiginosa del mercato, tra speculatori
e saccheggiatori di tombe, di cui ha letto tutto ne *Lo squalo
da 12 milioni di dollari*). Il collezionista-tipo del G.A.I.S. è
quello che pratica un più sobrio "collezionismo da *fanzine*"
o al massimo "di pdf".

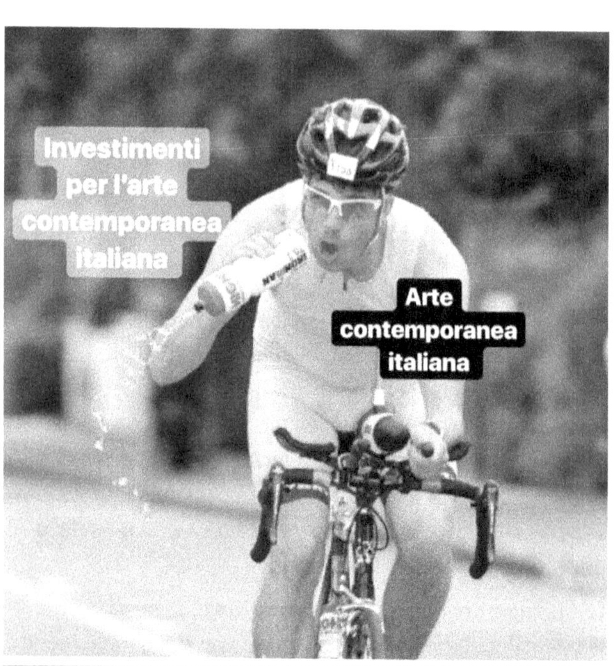

Investimenti per l'arte contemporanea italiana
Arte contemporanea italiana

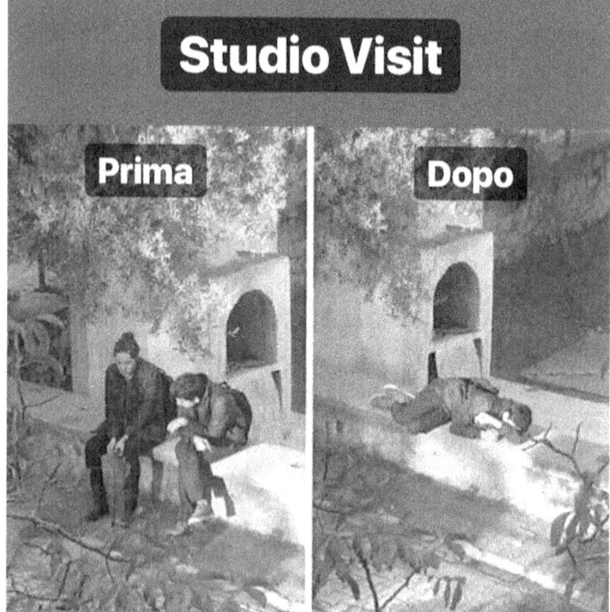

Studio Visit
Prima
Dopo

Tralasciando quindi le sfumature più squisitamente finanziarie (della seria A, zona Champions League del mercato), il collezionista-medio, nei casi più diffusi, sceglie l'opera che sta meglio con le tende della seconda casa al mare. Più è ricco, più sarà scroccone e lento nei pagamenti. Generalmente, desume il valore dell'opera in base al prezzo o, se necessario, sguinzaglia lo scagnozzo fedele, il miglior amico dell'Homo Collector: l'Art Advisor.

Il collezionista "di domani" è cresciuto con lo smartphone in mano e da nativo digitale-intreccia rapporti e scopre nuovi artisti chattando e scrollando. Se questo comporta un'incisiva accelerazione dei processi di *talent scouting* e il costante formarsi di alleanze, simultaneamente ne affretta anche le delusioni e gli equivoci. Se già la pratica del "ghosting" spaventa, niente getta più nello sconforto dell'*emoji* "fuoco": l'equivalente digitale dell'"interessante" pronunciato in presenza. La fiammella è subdolamente più sottile: spurgata di qualunque significato sessuale (hot), non c'è reaction migliore per stroncare sul nascere una conversazione artistica non richiesta.

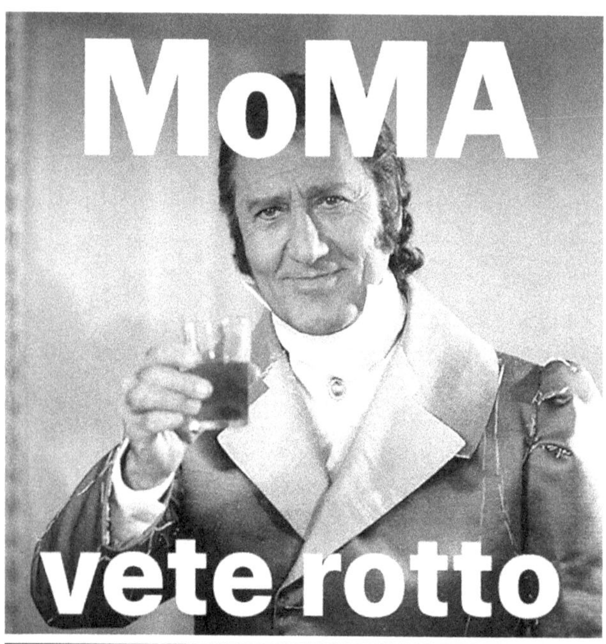
MoMA
vete rotto

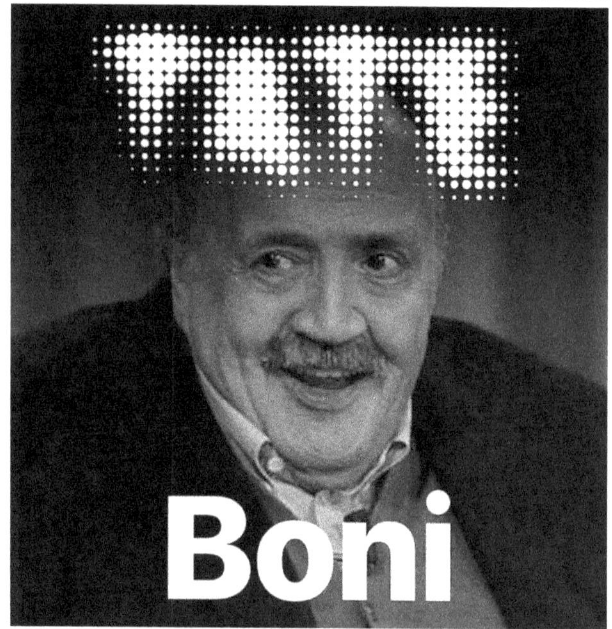
MoMA
BoNi

DIETRO LICEO, DAVANTI MUSEO

"Il primo museo del contemporaneo in Italia" del
Castello di Rivoli is the new "Il club più titolato al
mondo" del Milan di Adriano Galliani

Se nella teoria, il museo si erge come tempio della
storicizzazione e solo eventuale approdo finale dell'opera,
a riprova di quel lungo percorso di verifica culturale
che necessita il prodotto artistico prima della sua piena
consacrazione, nella pratica è oggi una tappa imprescindibile
per "l'istituzionalizzazione a presa rapida" di ogni giovane
artista. Senza mai venir meno alle intoccabili missioni di
tutela, conservazione e valorizzazione del patrimonio e della
memoria collettiva, questa istituzione permanente, alle soglie
del XXI secolo, ha l'obbligo di presentarsi come piattaforma
aperta e fluida, snodo per il dialogo e l'incontro, centro
multidisciplinare teso all'approfondimento, alla scoperta e
alla sperimentazione.

Gestioni manageriali ed efficientismo possono agevolare la
coordinazione di un organismo così complesso ma a lungo
andare sono le stesse proposte espositive a soccombere
dietro le pressioni e i favoritismi (economici, politici, del
fidanzato).

Non si tratta, però, sempre e solo di una questione di
interessi. Nel mondo dell'arte si applica molto spesso anche
il metodo "Trip Artvisor". Che sia per l'organizzazione di
una mostra, per la selezione dei finalisti di un *application*
o per scegliere quale evento collaterale dell'ArtWeek
andare a visitare, nelle nostre decisioni avranno un peso
preponderante i giudizi e le recensioni effettuate da terzi
piuttosto che le motivazioni prese in autonomia.

how i
met your
madre

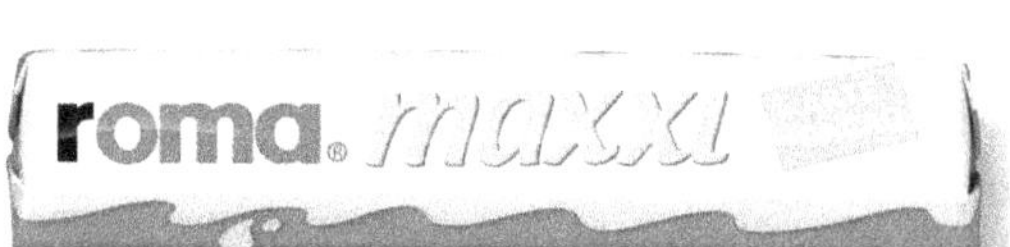
roma. maxxi

A generarsi, tra i vari, è il cosiddetto effetto "un premio tira l'altro", applicabile a qualunque campo di indagine: mettiamo che tu abbia vinto, per esempio, il Premio "Pier Francesco Frabbi"; nessuno ti impedirà di qualificarti in scioltezza anche per il "Premio Kairos".

Il consenso crea altro consenso.

All'esperienza diretta e all'approfondimento individuale è stata sostituita la mediazione della conformità delle opinioni (meglio pensarla come gli altri) e non solo degli schermi.

Al pari delle parole, anche la critica conta meno di zero.

Questa esistenza a-conflittuale non genera più scontri (d'altronde, tutto in arte è già stato risolto), ma modelli a cui uniformarsi e attenersi. Come giustificare altrimenti — aldilà dei soliti complottismi e teorie oscurantiste del mercato — la partecipazione alle mostre degli stessi nomi?

Massima circolazione non vuol dire per forza massima qualità.

Eventi blockbuster, retrospettive museali, acquisizioni e vendite controverse sono solo le conseguenze più popolari e gonfiate di procedure ben collaudate e presenti sociologicamente a ogni lati-longitudine di "questo-pazzo-pazzo-pazzo-pazzo-mondo" dell'arte.

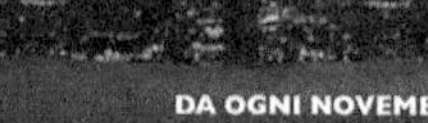
LA LA L'ACCADEMIA
'SI ACCAVALLANO I CORSI'
'PAGO PER COSA?'
'ISIDATA NON FUNZIONA'
'QUANDO SI PAGA LA SECONDA RATA?'
DA OGNI NOVEMBRE

E COSÌ FREQUENTI L'ACCADEMIA?

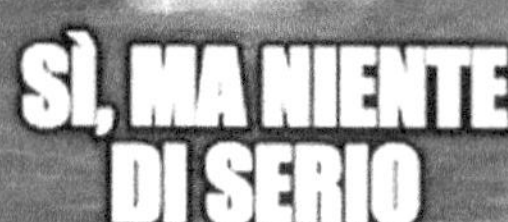
SÌ, MA NIENTE DI SERIO

HDEMIA

Frequentare un'Accademia non è decisivo per lavorare nel mondo dell'arte; può tuttavia essere importante per imparare e vedere con i propri occhi «cosa NON si deve assolutamente fare» per tentare di entrarci.

Ho frequentato due diverse accademie italiane di belle arti e, sul finire del primo anno accademico, mi sono tristemente convinto della considerazione di cui sopra.

Faccio ancora fatica a comprendere per quale motivo, nonostante la prematura sentenza e un già discutibile ciclo triennale a Genova, io abbia deciso di perseverare in un percorso para- universitario concedendomi così la successiva "rottura di Pistoletto" con un diploma di secondo livello presso l'Accademia di Torino.

Parcheggio temporaneo in attesa di tempi migliori? Constatazione inconsapevole dell'impossibilità di poter sostenere qualcosa di più complesso? La testarda illusione che ipocritamente fa sperare che «nonostante tutto, qualcosa di buono salterà fuori»? Non lo so. Sta di fatto che il mio quinquennio di sangue–marcio–e–insoddisfazione–perenne coscientemente scelto non me l'ha abbuonato nessuno (e ci mancherebbe, l'ho voluto io!).

Cosa ho imparato? Provo a riassumerlo. mostre di fine anno, collettive e premietti non servono a nulla, se non per far esporre i "cocchi" del professore di cattedra che è non di rado un artista *mid-career*, ormai non più giovane, dalle belle speranze e dall'ottima capacità di deludere le aspettative. Proprio quest'ultimo ripiega la sua voglia di formare schiere di propri piccoli epigoni — che diametralmente riconoscono in lui una figura ingiustificatamente sciamanica e di Maestro/

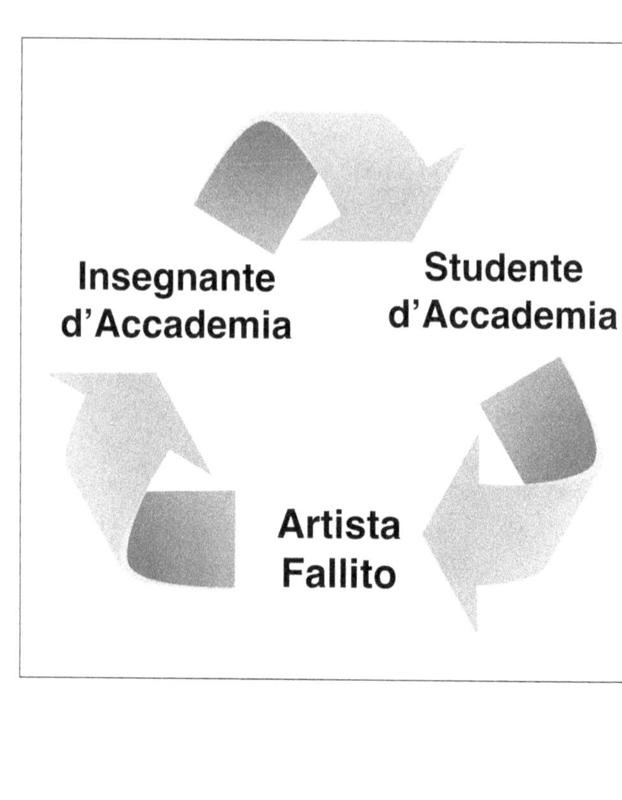

Insegnante
d'Accademia
Studente
d'Accademia
Artista
Fallito

guida più spiritica che spirituale — proporzionalmente all'insoddisfazione nei confronti della propria carriera.

Se il numero degli aspiranti artisti è inversamente proporzionale al numero di coloro che riescono effettivamente a raggiungere uno status riconosciuto (soprattutto economico), i luoghi della formazione sono sicuramente complici di un modello deleterio che, promettendo fama e ricchezza, garantisce al sistema la sua sopravvivenza basata sulla costante richiesta di ricambio di nomi, temi e contesti. Insomma, dello "standardizzato" e "prevedibile" spacciato per nuovo.

Siete ancora convinti di voler frequentare un'Accademia?

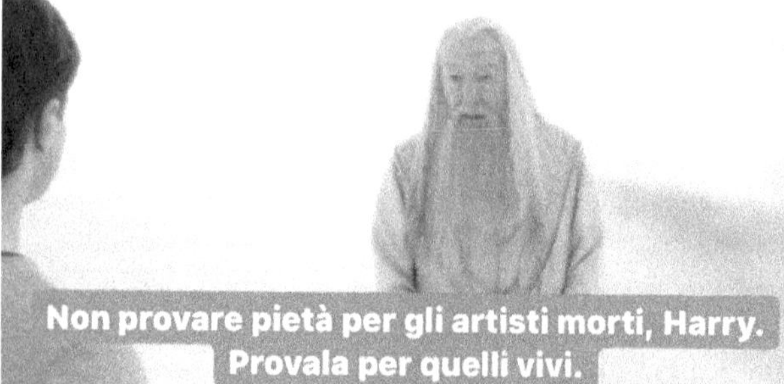

Non provare pietà per gli artisti morti, Harry.
Provala per quelli vivi.

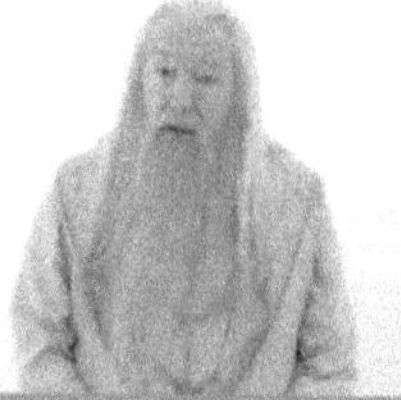

E soprattutto per coloro che vivono senza
essere rappresentati da una galleria.

Quando ti fai un tatuaggio
con il nome della galleria
che ti rappresenta

GALLERIA PORTAMI VIA

Tutto è concesso, basta che "funzioni"

Non chiamateli mercanti! Altrimenti si offendono. Non chiamatele neppure gallerie! Meglio *"spazi espositivi"* o *"piattaforme di interrelazioni culturali e dispositivi trans-estetici"*. E, soprattutto, non provate a chiamarle "gallerine"! In quel caso sareste maschi bianchi, castrati ed egoisti, figli della società patriarcale.

Fatte le dovute puntualizzazioni, vorrei dedicare qualche riga proprio al titolare di questo luogo, ingiustamente vessato perché, secondo la visione "pre-Durand-Ruelliana" del mondo, «se hai a che fare con i soldi e la mercificazione dell'arte sei per forza un adepto del maligno».

Ma il gallerista non è cattivo. È cattiva la sua sorte.

Non capite che il gallerista soffre? Vi siete mai trovati a dover sfuggire da quei tediosi studentelli d'Accademia che invadono quotidianamente la vostra posta elettronica con portfolio scandalosi o consegnati direttamente a mano — manco fossero raccomandate — e che, non contenti, si scusano pure perché «il cv non è aggiornatissimo»? Avete idea di quanto siano insopportabili i collezionisti che pretendono i pdf completi di opere e prezzi (collezionismo "da pdf", appunto) e che, non solo vi fanno sprecare la cartuccia della stampante, ma non comprano neanche un'opera? Ci parlate voi con l'artista che, all'indomani della fiera, conscio di aver venduto qualcosa, viene a riscuotere la sua parte o almeno l'anticipo? E quelli che vengono a proporvi la mostra antologica del venerato maestro settantenne di provincia, non li conoscete?

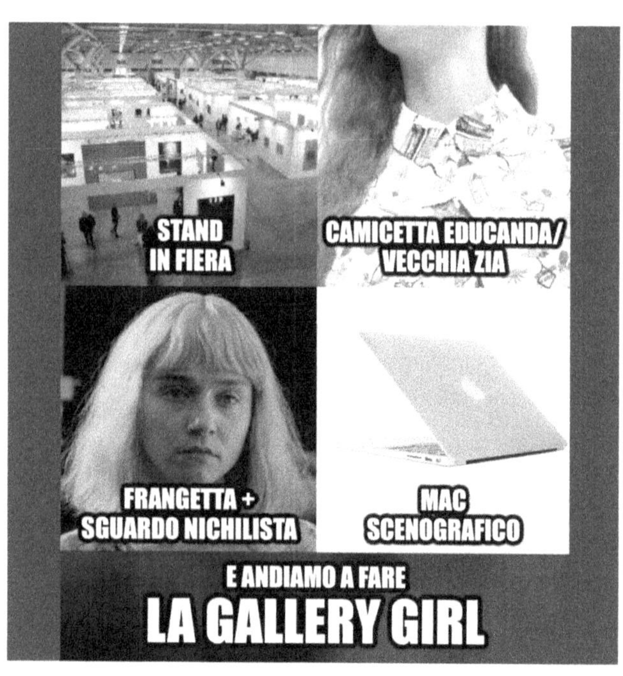

STAND
IN FIERA
CAMICETTA EDUCANDA/
VECCHIA ZIA
FRANGETTA +
SGUARDO NICHILISTA
MAC
SCENOGRAFICO
E ANDIAMO A FARE
LA GALLERY GIRL

Gli studenti, i collezionisti, gli artisti, le ex mogli sanno dove un gallerista abita.

Suo unico rifugio? il retrobottega/magazzino del suo spazio. Poverino…

E allora chi siamo noi per giudicare? Chi siamo noi per denunciare i maltrattamenti del suo staff, lo sfruttamento, i soprusi e gli abusi di potere?

Guardate la situazione attuale. Se le grosse gallerie — più multinazionali che spazi espositivi — stanno incassando il duro colpo della crisi con licenziamenti e chiusure di sedi, a quelle di piccola e media dimensione non resta che tirare giù la saracinesca di un'attività che, diciamocelo, era già insostenibile e precaria da molto prima dell'emergenza.

Peccato. Se il pubblico medio giornaliero è riassumibile in una manciata di accessi — tra cui due studenti e un anziano che domanda se fanno le fotocopie —, in questi tempi difficili, sarebbero stati i luoghi perfetti per continuare a vedere mostre senza rischiare di contaminarsi.

Magari un tempo giusto per poter sperimentare!

Non sparate sul gallerista!

Quando sei un giovane artista italiano semplice
e nessuno vuole esporre il tuo lavoro

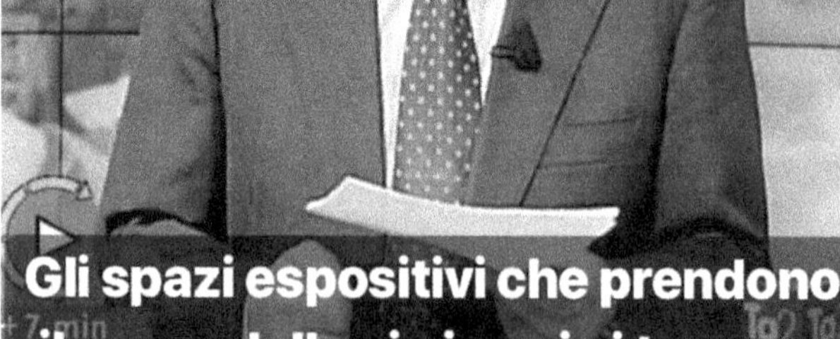

SPAZIO AP-PROFIT

Da dove veniamo?

Chi siamo?

Dove andiamo?

Ma soprattutto,

"indipendenti da chi?"

"Spazio indipendente no-profit". "Spazio indipendente
no-profit, ma con scopo di lucro se capita". "Spazio non-
indipendente con scopo di lucro". "Spazio che sembra
galleria ma–non-è". "Spazio indipendente, fino a dipendenza
ottenuta". "Artist-run space". "Bar sotto casa". "Appartamento
con l'affitto miracolosamente basso"…

Per facilitare la camaleonticamente complessa quantità
di "episodi espositivi" alternativi alla struttura/galleria
(ma di cui molto spesso si ricalcano display ed estetiche
allestitive), ho deciso di accostarvi bonariamente il
concetto di "ap-profitto": inteso non secondo letture
spregiative — come strumentalizzazione o abuso —, tale
principio è una condizione utile per il conseguimento
di un vantaggio, l'avvalersi di una buona chance. Ecco,
secondo me la realtà degli spazi indipendenti si basa su
questa tensione propositiva dell'approfittarsene: «abbiamo
l'occasione di fare qualcosa insieme, per crescere e
per dare qualcosa l'uno all'altro» — che sia visibilità,
collaborazione, ricerca o strutturazione di una reputazione.

Vere e proprie palestre e snodi per le sperimentazioni (e le
possibilità d'errore) giovanili, sono forse gli unici luoghi in
cui è ancora sperabile la fuoriuscita dalla monotonia e dalle
convezioni del sistema ufficiale. Sono tra le poche aree
meno-contaminate in cui è possibile rincorrere o imbattersi
nell'imprevisto.

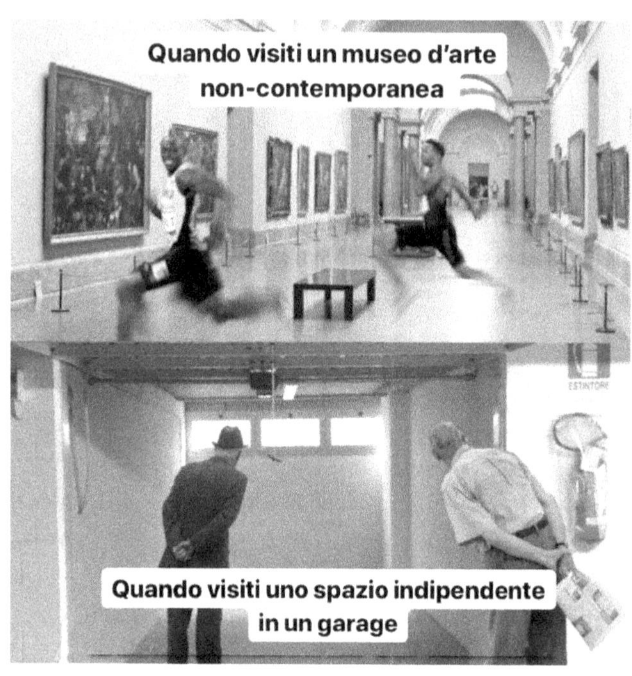
Quando visiti un museo d'arte non-contemporanea
Quando visiti uno spazio indipendente in un garage
ESTINTORE

Se «sto per aprire un nuovo spazio» è stato il tormentone che, dagli anni '90 fino all'altro ieri, ha permeato la maggior parte delle chiacchiere di circostanza tra i corridoi delle fiere, una non sottovalutabile sindrome imperversa oggi tra gli addetti ai lavori e i *founder* di queste realtà: l'effervescente pochezza di creatività nell'invenzione dei nomi. Procedo nel breve *excursus*:

• Categoria I. quelli che caparbiamente insistono nel voler fare per forza dei giochi di parole con il prefisso/infisso/suffisso "art" (Art-trattiva, Felicit-Art)

• Categoria II: quelli che usano il nome della via in cui si trovano (Viapasini15, Viadaicojioni7)

• Categoria III: quelli che ottengono il titolo, componendo randomicamente parole casuali ritagliate e pescate da un cilindro (Friggitoria incubi di caldo; Dilemma blu Project).

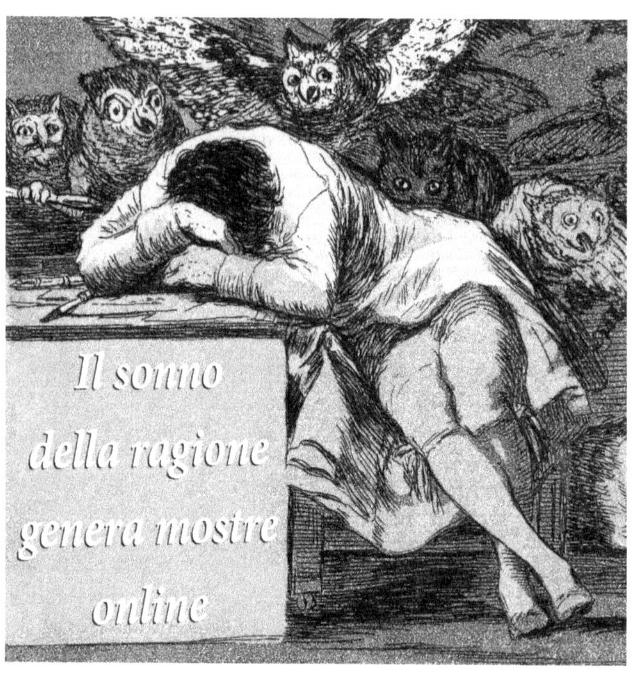

Il sonno
della ragione
genera mostre
online

MOSTRE & CO

Mostrificazione: tutto deve essere pensato per essere esposto,

perché se non viene mostrato (e comunicato),

è la sua stessa esistenza ad essere messa in discussione

Al pari di Body art, di Neo-espressionismo o di Land art, credo si possa arrivare a catalogare il molesto e ossessivo bisogno di realizzare mostre come una nuova tendenza artistica che caratterizza questo primo ventennio di secolo.

Come chiamare questo movimento? "Estetica mostrificante", "Trans-espositività", "Post-exhibitionism", "Neo-blockbustering"? Non importa. Ciò che conta davvero è la missione: organizzare mostre di cui si può tranquillamente fare a meno; creare eventi dopo eventi; produrre continuamente, aggiungendo rumore al rumore.

"Ecologia" e "sostenibilità" sono argomenti spendibili facilmente nei comunicati stampa ma ben difficili da attualizzare.

Nonostante la loro dichiarata funzione commerciale, anche le fiere sentono la necessità di definirsi all'interno di un progetto espositivo e curatoriale; a sua volta, la mostrificazione purtroppo coincide con l'altrettanto inquietante "fierizzazione" delle Biennali.

Senza contare che, nel mondo del pornograficamente esposto e dell'esibizionismo 24/7, i parametri tradizionali di esposizione e display devono essere irrimediabilmente sottoposti alla lente del revisionismo. Nonostante le buone intenzioni delle mostre "di rottura" - che promettono di svincolare l'esperienza della fruizione dalle abitudini visive imposte dai nuovi media - spesso si ottiene l'effetto opposto.

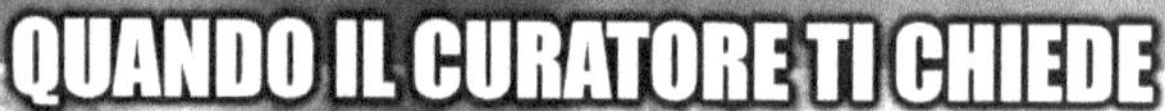

QUANDO IL CURATORE TI CHIEDE

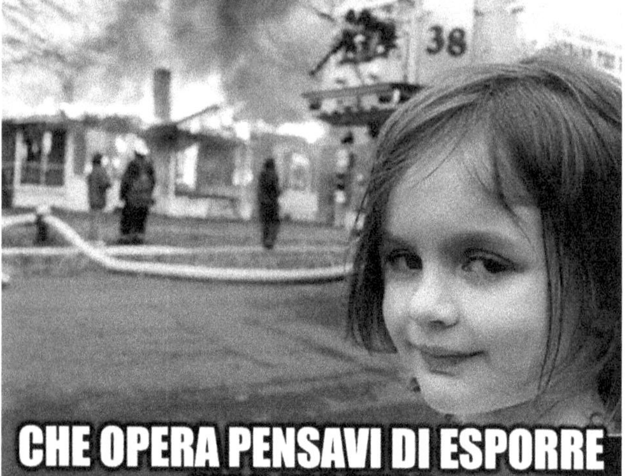

CHE OPERA PENSAVI DI ESPORRE
ALLA MOSTRA

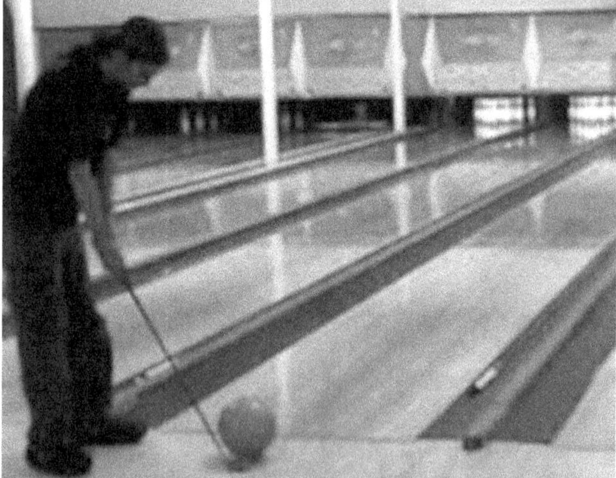

Quando presenti un'opera
pensata anni prima per un altro spazio
Ma dici comunque che è site specific

Passeggiamo sbrigativamente davanti, dentro e sopra alle installazioni (sperando di uscirne più intelligenti) e, se sorpresi dall'inaspettato, preferiamo postarlo invece che viverlo. Il valore espositivo dell'arte si identifica oggi nella "visualizzazione", nello scroll. Perché tutto è potenzialmente interessante; si riduce tutto a un elogio della superficialità: lo sguardo è perplesso, felice, incosciente.

Tutti i presunti cambi di paradigma o le novità sbandierate si verificano, per forza di cose, all'interno dei limiti del solito orizzonte di abitudini. "La rivoluzione non siamo noi" perché è impensabile ipotizzare un vero capovolgimento internamente ai circuiti predefiniti dell'industria culturale. La sorpresa è ammaestrata, sedata e prevedibile: fingiamo di essere shockati ma in realtà siamo solo complici assuefatti. Una garanzia per questo sistema di valori.

Qualunque cosa ti venga in mente, dovrà essere adattata, se non direttamente pensata, per poter essere descritta in un comunicato stampa, per poter essere trasportata, esposta ed eventualmente venduta, per poter essere condivisa sui social, pena la condanna all'invisibilità.

Sotto la dittatura del *"comunico, dunque sono"*, l'incomunicabilità è strategia partigiana.

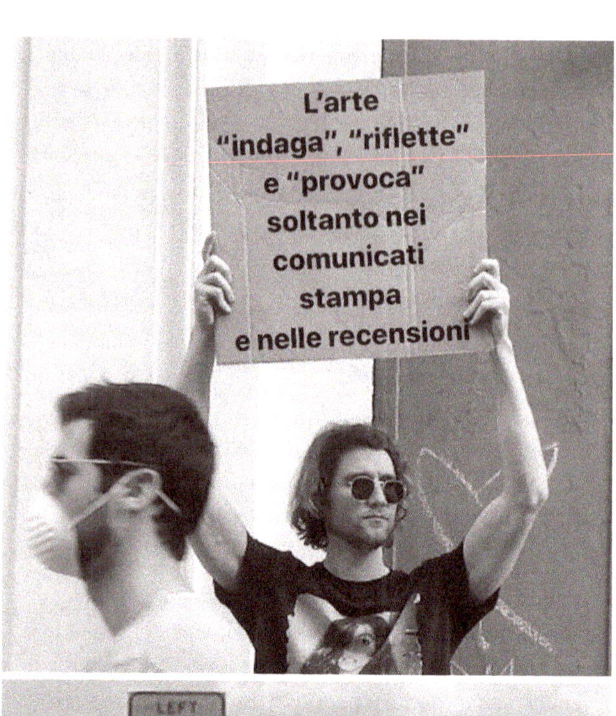

L'arte "indaga", "riflette" e "provoca" soltanto nei comunicati stampa e nelle recensioni

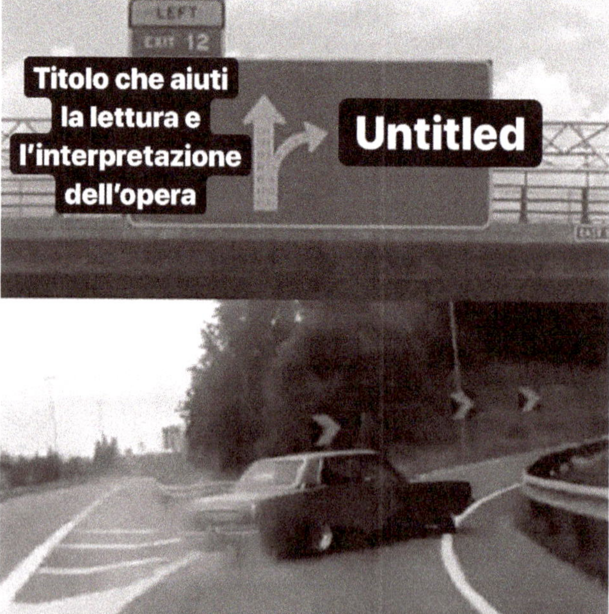

LEFT
EXIT 12
Titolo che aiuti la lettura e l'interpretazione dell'opera
Untitled

SUPERCAZZOLA STAMPA

Fate un bel respiro profondo e leggete tutto d'un fiato:

"Spesso impenetrabile, dalla prosa fastidiosamente impregnata di elucubrazioni pseudo-filosofiche grondanti di buoni propositi eco-gender-social-porn ed esaurite in

virgolettati rubati qua e là come esibizione non-richiesta del proprio background culturale, qualunque tipo di testo o discorso artistico destinato all'ostensione di oggetti e contesti già di per sé inafferrabili e fumosamente contorti, sono non di rado il prodotto di una strategia deliberatamente improntata a colmare un vuoto contenutistico e semantico volto a giustificare e legittimare intellettualmente l'incommensurabile vastità del *niente* di certe operazioni artistiche".

Ecco, dovrei essere riuscito a restituirvi — servendomi del registro medio utilizzato nella maggior parte delle occasioni — la psichedelica e atletica esperienza che si prova nella lettura di un tipico comunicato stampa.

Ora provate voi: prendete un cs a caso e asciugatelo di tutte quelle citazioni (volontarie o inconsapevoli) da Deleuze&Guttari, Heidegger, Agamben, Barthes, Foucault o Derrida e, dai citiamolo ancora, le città invisibili di Calvino.

Il risultato? Una manciata di righe scoordinate e scritte con un gergo simil-celebrale approssimativo e imprecisabile. (Esatto, come questo libro!).

Insomma, degli scritti che quasi mai si riferiscono in maniera puntuale e dettagliata alle opere.

È un po' come togliere le pubblicità dalle riviste d'arte cartacee: delle sessanta pagine totali, vi rimarranno venti facciate, di cui tre articoli, 4 recensioni e "l'editoriale del Direttore" (quello che leggerete "di sfuggita" comodamente seduti in postazione-water), se va bene.

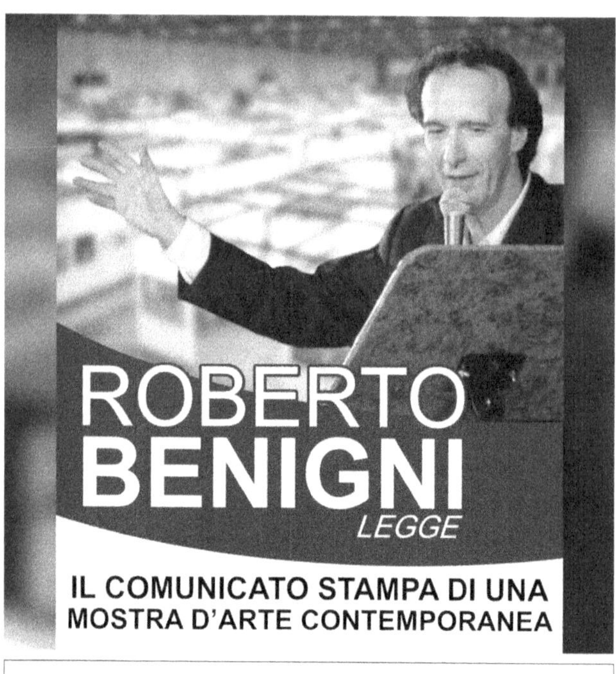

La tua opera senza il testo

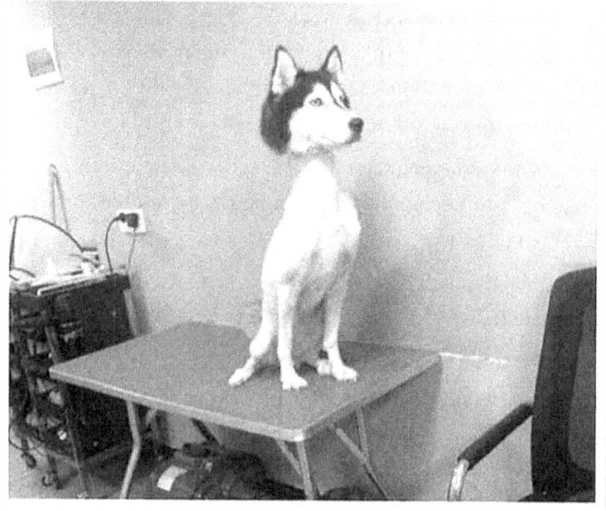

Immancabile poi l'infarcitura di "International Art English" (l'*artspeak*): il linguaggio di settore. Tutto bene, fino a quando — ossigenando un po' — non ci si accorge che il talk/mostra presentato può ambire a un fruitore-medio di provenienza tanto cosmopolita quanto la casalinga della provincia vogherese (dove tra l'altro l'evento ha sede).

Se entri in una galleria e in apertura del cs leggi: «La gestualità è una sorta di codice vivente», è naturale che qualche dubbio incominci a palesarsi. La sensazione di stronz**a latente cresce esponenzialmente se, proseguendo nella lettura, scopri che l'artista «attraverso il linguaggio visivo cerca di distruggere i quotidiani codici di trasmissione interpersonale generando uno spazio di creazione per un "pre-linguaggio" di tipo affettivo».

Nel frattempo, alzi gli occhi: vedi una pallina per terra fatta con pezzi di scotch, un rametto appoggiato al muro e una fotocopia (mal fatta) appesa con le puntine…

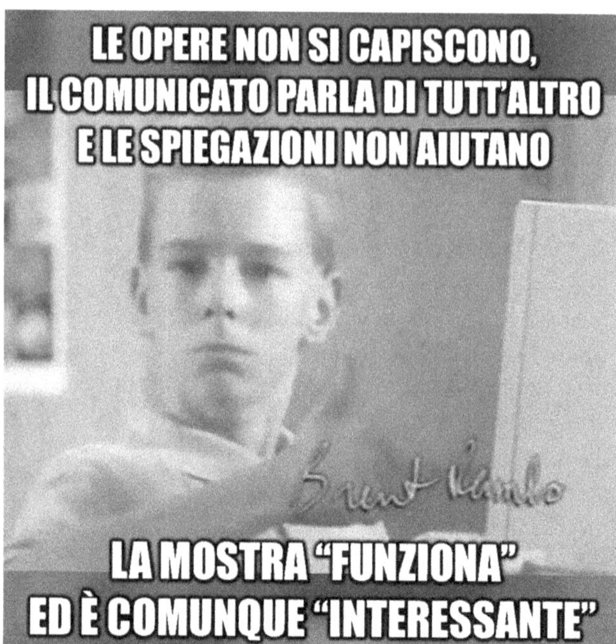

LE OPERE NON SI CAPISCONO,
IL COMUNICATO PARLA DI TUTT'ALTRO
E LE SPIEGAZIONI NON AIUTANO
LA MOSTRA "FUNZIONA"
ED È COMUNQUE "INTERESSANTE"

TUTTO MOLTO INTERESSANTE

INTERESSANTE: capace di destare interesse o curiosità,

dal latino: interesse, essere in mezzo, partecipare

Lo sfoggiare dégagé e alla-bisogna del termine "interessante" significa, orientativamente, l'esatto opposto di quello che suggerisce la sua etimologia. Ossia che non siamo realmente interessati.

La causa della perdita di significato? Forse l'estetizzazione diffusa che tutto ammanta, pura sfrenata iper-sensibilizzazione e superficiale bombardamento di stimoli che colonizza ogni forma di pensiero, appiattendone qualunque tentativo di conflitto e trasgressione visiva. È un vortice dove tutto diventa indifferentemente interessante e, di conseguenza, privo di valore (di nuovo l'estetica dello scrolling!).

Quando è possibile piazzare "interessante" durante un colloquio? Non esiste una regola precisa, il dosaggio è a piacere, ma posso comunque fornirvi una serie di casistiche:

- Può essere utilizzato per mostrare una perizia simulata ("ci sarebbe troppo da dire a proposito di questo lavoro, il tempo non è abbastanza… che peccato").

- Se interpellati riguardo a un'opera, in caso di incapacità nel proferire un commento all'altezza delle aspettative (è la traduzione di "non saprei che ca**o dire").

- Può essere inserito a monte di un discorso per introdurre considerazioni più ostiche, mettendo le mani avanti ("è sicuramente interessante… però").

- Più sottilmente, può essere usato — sfruttando l'implicita convenzionalità della parola tra gli addetti ai lavori — per far intendere all'interlocutore che non c'è dichiaratamente

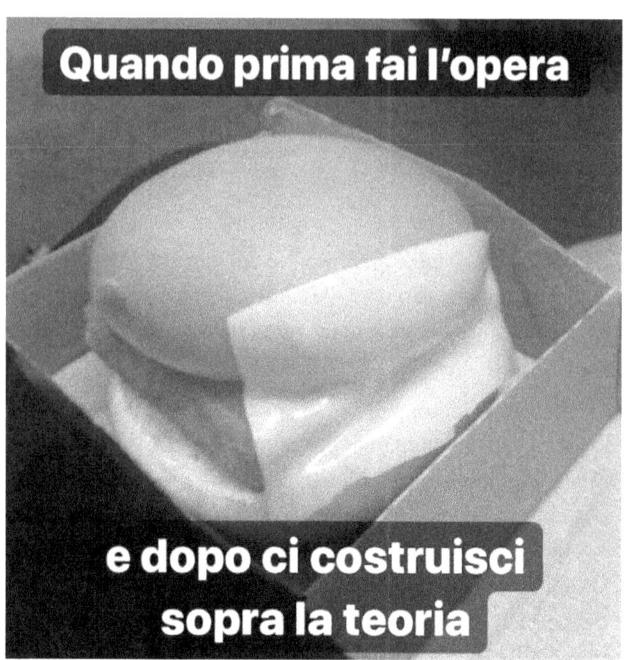
Quando prima fai l'opera
e dopo ci costruisci sopra la teoria

alcun motivo d'interesse per portare avanti la chiacchierata
("interessante… [silenzio]").

• Infine — ma gli usi e le potenzialità del termine, come
detto, restano inesauribili e lo rendono adattabile a
qualunque situazione di necessità — può essere esibito in
caso di falsa ostentazione di enciclopedica conoscenza.
Magari, in quelle conversazioni in cui viene nominato un
personaggio mai visto né conosciuto ("interessante! ne ho
sentito parlare").

Regola numero 257 del mondo dell'arte. Vale per i
comunicati stampa, i dialoghi e qualunque altro tipo di
discorso effettuato all'interno del mondo dell'arte: mai e
poi mai essere chiari. Rimanere sempre sul vago, fumosi e
mai specifici sarà la vostra *skill* prediletta per nascondere
sotto il tappeto delle vacuità la polvere grigia della vostra
inettitudine.

Interessante, vero?

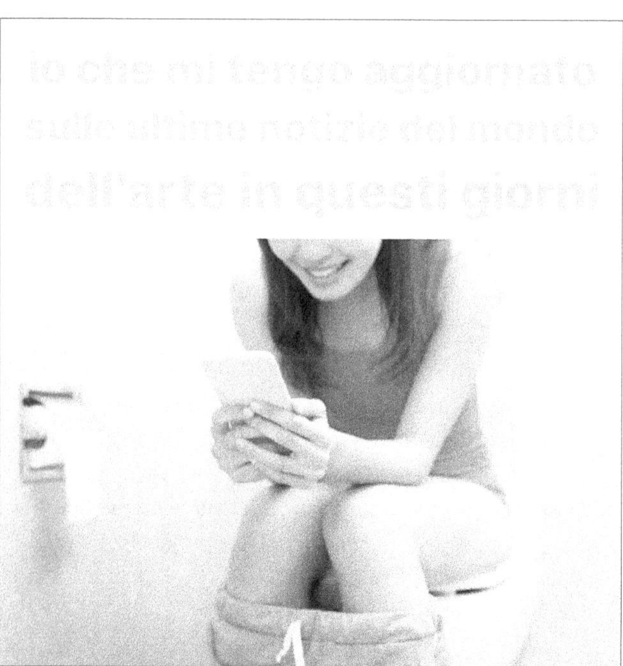

io che mi tengo aggiornato
sulle ultime notizie del mondo
dell'arte in questi giorni
Sono un'artista,
ho una pagina
Instagram. Tu?

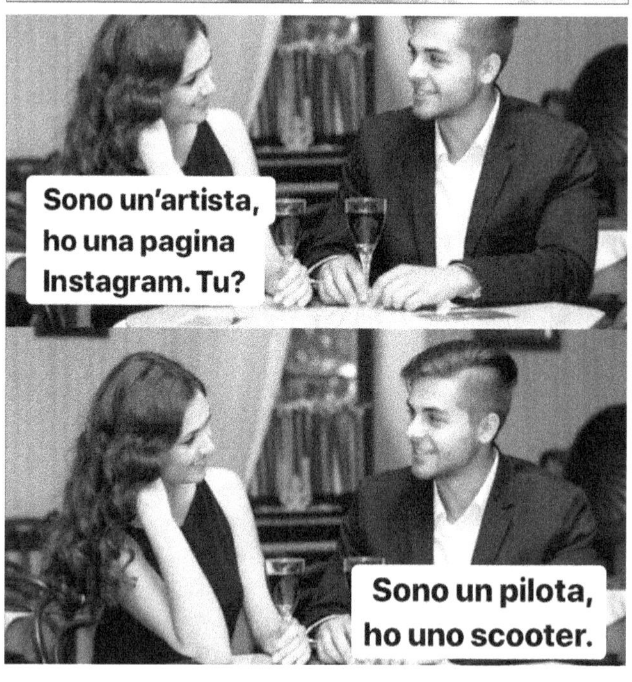

Sono un pilota,
ho uno scooter.

L'OPERA D'ARTE NELL'EPOCA DELLA SUA RIPRODUCIBILITÀ ________

Dalla comunicazione alla digitalizzazione, il web e i social hanno dimostrato di essere strumenti utili e necessari per l'arte, innescando così un processo di riconfigurazione inevitabile. Accorgersene soltanto ora potrebbe essere già troppo tardi

Come per il cinema e la letteratura, esistono anche per la teoria dell'arte — e simili — dei testi ormai diventati veri e propri classici, insomma, dei *cult*. Scritti osannati dal pubblico e impugnati dalla critica; titoli immancabili nelle bibliografie e nei discorsi accademici come nelle pressappochiste conversazioni da bar, brillantemente sfoderati per sembrare più colti.

La sfumatura particolarmente affascinante di questa categoria di documenti è che più diventano imprescindibili in un ipotetico starter-pack di sopravvivenza per un background culturale *in progress*, più la lettura degli stessi diviene paradossalmente superflua. Basta una citazione, un frammento o aver letto la quarta di copertina per aver sufficientemente intuito quanto un autore — magari molto complesso — avesse voluto dirci.

Ecco perché si rivelerebbe risolutivo iniziare a parafrasare "cult" tralasciandone il "*culto*" che esso porta con sé, prediligendone invece una decifrazione per acronimo:

C.U.L.T. = Cose Ultra-citate; Lette? Tendenzialmente–no.

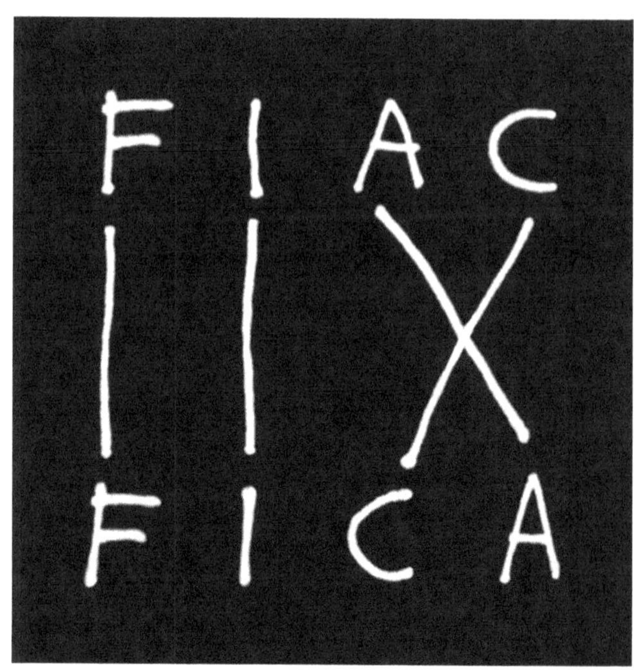

FIAC
FIAC
IX
FICA

Il povero Walter Benjamin — oltre a innescare un'importante quanto imbarazzante *querelle* sulla corretta pronuncia del cognome (è Beniamin non Bengiamin!) — è probabilmente l'autore di una delle opere più citate, male-interpretate/non-lette e con il titolo più parodiato di sempre.

Ultimamente, le formule più abusate sono state: L'opera d'arte nell'epoca della sua riproducibilità… "sociale", "digitale", "su Instagram" e altre brutture.

Questo non dimostra solamente una lampante fiera della penuria nell'ideazione dei titoli (di cui sento modestamente di essere tra i maggiori esponenti), ma soprattutto una mal celata schizofrenia nei confronti di una dimensione – quella digitale – che progredisce velocemente. Le istituzioni più reazionarie vengono lasciate sul posto, oscurate dalla celebrazione dei piccoli e banalissimi gesti (creativamente e tecnicamente parlando) dei musei più progressivi. Si arriva a tal punto da diagnosticare astrusamente l'inizio di una presunta rivoluzione digitale nel mondo dell'arte.

Ma si può parlare coerentemente di rivoluzione digitale nell'arte in un mondo che, ormai, ha esercitato questo cambio di passo parecchi anni or sono?

Sociologia dell'opening

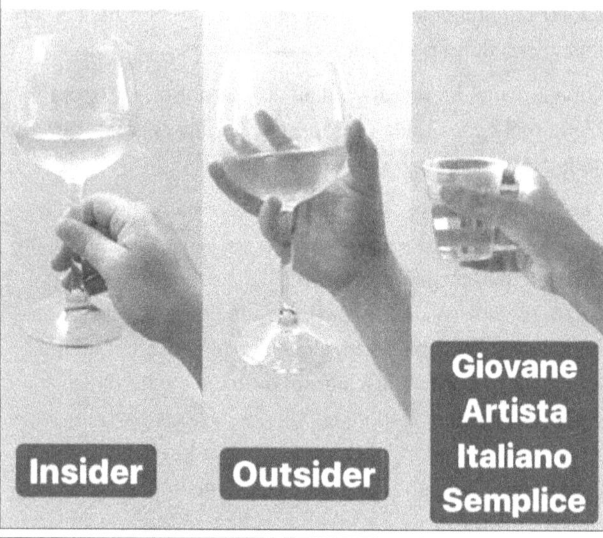

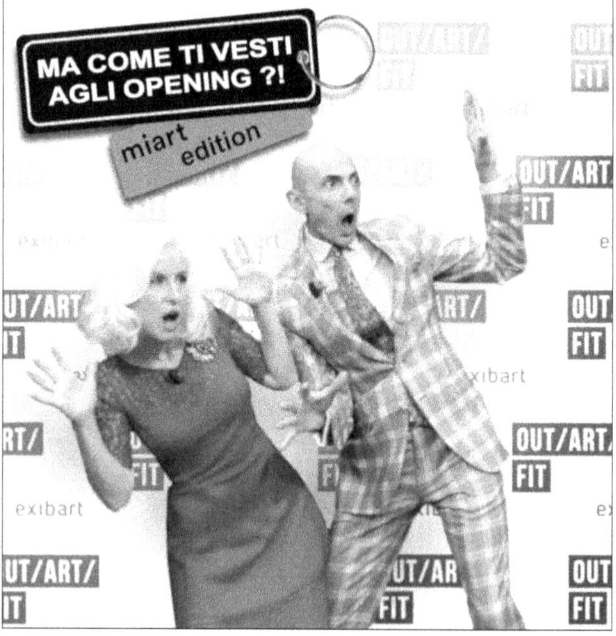

VERNI-ASSAGGIO

E cos'è un bacio dato agli opening?

Un apostrofo rosa tra le parole

"Bene, tu invece a cosa stai lavorando?"

Fingete per qualche attimo di trovarvi alla "Presenzialisti di Opening Anonimi". Ora ripetete con me: «vado a tutte le inaugurazioni per bere gratis, conoscere gente, flirtare e farmi vedere. Non vado mai esclusivamente per guardare le opere esposte».

Visto? Non era poi così difficile ammetterlo.

Si narra che negli stucchevoli anni Ottanta venissero allestiti dei veri e propri banchetti degustativi durante le vernici, tanto da poter stilare — con un po' di scaltra organizzazione — veri e propri "tour enogastronomici", piluccando tra le migliori gallerie in città.

Oggi salumi, crostini e gamberetti fanno un po' Sagra della parrocchia. Come non preferire un bicchierino di birra calda o una bottiglia di vino auto-prodotto — con i fondi avanzati dai precedenti opening — da dividere in quaranta persone? Eh, certo.

Comunque sia, eccovi un mini "Compendio-di-salvataggio" per affrontare al meglio la degenerante corcografia di un'inaugurazione modello:

• L'abbigliamento sarà il vostro biglietto da visita (psichiatrica): cercate di prediligere uno stile "finto sciatto" non-modaiolo; dovete impegnarvi nel non sembrare impegnati. Il cappottone scuro e sovradimensionato in pelo di moffetta (sì, quella della vertebra), acquistato al negozio

Non importa quale sia il tuo

SESSO

il vino scadente sarà sempre

GRATUITO

AGLI OPENING

dell'usato durante l'ultima residenza, sarà il vostro outfit da battaglia per la stagione autunno-inverno-primavera-estate 2000SEMPRE.

Nel dubbio, vestitevi di nero.

Al mondo dell'arte piace vestirsi di nero.

• Nei 20 mq antistanti l'ingresso dello spazio espositivo scatta il cosiddetto stato mentale del "chi conosce chi". Non dovete in alcun modo apparire neofiti o fuori contesto. Simulate una sicurezza inesistente ma senza sfociare nella presunzione e, se riuscite, attaccate bottone con discrezione. È nei primi quindici secondi dal vostro ingresso nell'area di rigore dell'arte che vi giocate la permanenza esclusiva assicurata della prossima mezz'ora. Attenzione però, il cartellino rosso della dis-conoscenza strumentale è sempre dietro l'angolo.

• Fingete di non meravigliarvi di nulla («ho visto cose simili nello studio di un mio amico artista di Berlino»). Sentitevi gli ospiti speciali (l'artista e la sua mostra sono solo pretesti, la gente è venuta a guardare voi che guardate la mostra). Trasudate "indaffaratezza" («sto facendo», «sto scrivendo», «sto organizzando») ma sempre senza approfondire; piuttosto inventate.

Ok, ora dimenticate tutto quello che vi ho detto. Tanto chi ha il coraggio di andare ancora agli opening con i virus che ci sono in giro?

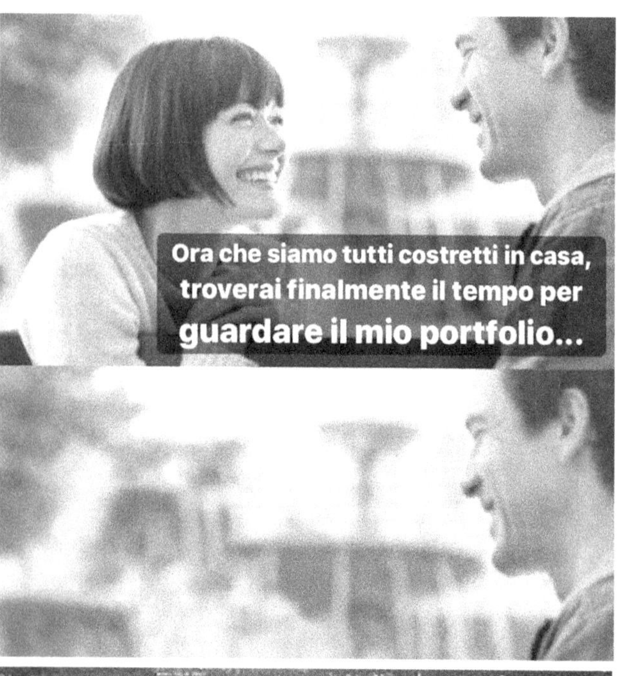

Ora che siamo tutti costretti in casa, troverai finalmente il tempo per guardare il mio portfolio...

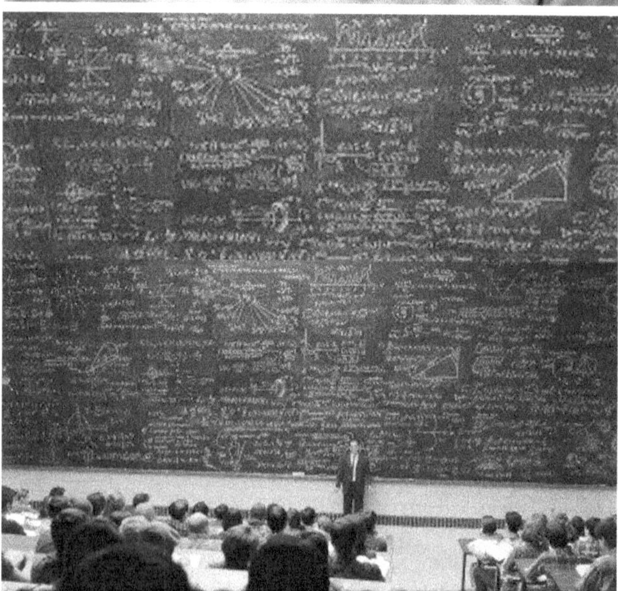

ARTISTA SCARSO'S STATEMENT

C.V. (CAZZO VUOI?)

Portfolio, cv e *statement* sono tutti strumenti che, seppur
strutturalmente rispondenti a regole diverse, dovrebbero
concorrere sinergicamente nella presentazione e
nell'espletazione riassuntiva, ma efficace, di qualunque
percorso artistico. Dico "dovrebbero" perché, come
spesso accade, spesso diventano moltiplicatori del livello
di difficoltà del grado di lettura di un lavoro. Non per la
stratificazione di significati, ma perché sono l'ennesima
occasione per nascondere in una documentazione *fighetta*
il vuoto a perdere di una pratica asettica come il *white cube*
per cui è stata *site-specificamente* pensata.

C'è poi il problema del considerare il cv come una lista
di "spunte" da aggiungere perché «è lì che i giovani artisti
devono andare». Quanti artisti, con le stesse residenze
(accuratamente italiane) e workshop, sembrano essersi
domandati «ce-l'ho-ce-l'ho-mi-manca» invece di interrogarsi
su un più consono «è il luogo più adatto per il mio lavoro?».

P.S. #1 Ma quanto fanno ridere gli artisti che scrivono lo
statement in terza persona?

P.S. #2 Dicono che lavorano tra Milano e New York. Devo
intuire che si sveglino al mattino in quel di Milano per poi
trovarsi a lavorare in studio a New York nel pomeriggio e
infine tornare per "l'aperitivino" ai Navigli a fine giornata?
Oppure lo studio coincide con la metà esatta della
distanza tra i due luoghi citati (in questo caso, l'amico
ha un esclusivissimo studio subacqueo nel bel mezzo
dell'Atlantico)?

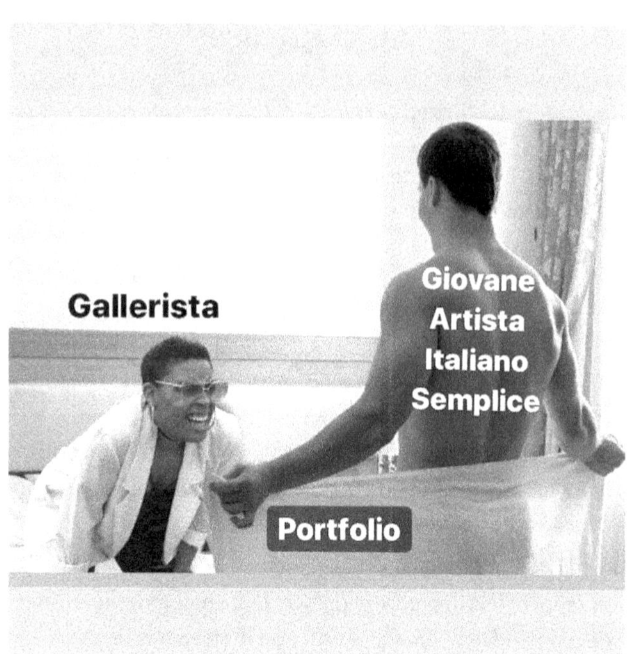

Gallerista
Giovane
Artista
Italiano
Semplice
Portfolio

P.S. #3 Ecco come potrebbe apparire un CV se i social
dovessero mai contare qualcosa per una carriera artistica
(cosa che grazie a Dio non accadrà):

CV

GIULIO ALVIGINI (Tortona, b. 1995)

2020 – MA in Communication of Contemporary Art,
Accidenty of Fine Arts, Turin, Italy;

2017 – BA in Strage di Design, Academy of Fine dei giochi,
Genoa, Italy

2020

13,2 k followers on Instagram, 4,2 k followers on Facebook

2019

9,7 k followers on Instagram, 2,3 k followers on Facebook

Google Traduttore
Linguaggio da Fiera

Italiano

A cosa stai lavorando?

Non mi interessa veramente quello che stai facendo. Parlo con te soltanto per mostrare alle persone la mia abilità nelle pubbliche relazioni, in attesa di sostituirti con una personalità gerarchicamente più rilevante nella scala sociale del sistema dell'arte. Ma comunque "ci risentiamo" o "prendiamoci un caffè nei prossimi giorni".

IN TEMPO DI CARESTIA OGNI STAND È GALLERIA

SPOILER post-Covid: ho già detto che non cambierà nulla?

Ricordate i *grilli* della merce di Marx? Ecco, le fiere sono il luogo del trionfo della fantasmagoria dell'arte come merce. Solo che al posto del tavolo, a ribaltarsi a gambe all'aria e ballare sarà il gallerista di turno che tenterà di "piazzare" al miglior candidato l'imperdibile opera dell'artista finnico di madre messicana – grondante di quel pesante assistenzialismo sociale *di-maniera* di tanta arte "impegnata" e "che denuncia"–, talmente imperdibile da rimanere testardamente invenduta nelle precedenti uscite fieristiche.

Se, come già detto, le necessità della Sanità planetaria modificheranno – almeno così si spera – le configurazioni della struttura partecipativa ai grandi eventi (in questo clima di recessione molti collezionisti stanno tentando di rivendere le opere alle gallerie... che sia l'alba di un format in cui negli stand troveremo fissi i collezionisti e a girare intorno i galleristi?), obbligando a un ripensamento logistico di queste vetrine – culturalmente rilevanti, ma pur sempre mercantili – di certo non ne verranno intaccate le logiche dell'intrattenimento, la mondanità viziata e l'ostentato ritualismo elitario dell'*art system*.

Da Basilea a Londra, da Madrid a New York, da Torino a Milano, da Verona a Bologna cambia veramente poco. A variare è la giungla, ma i comportamenti che accomunano questa "fauna" rimangono grottescamente i medesimi. Attraversati i punti di accesso, vere e proprie soglie liminali sapientemente differenziate in base all'importanza del soggetto ("ma dove vai se la vip card non ce l'hai?"), si arriva al grande banchetto delle apparenze, dei rancori e dei pregiudizi superficiali diffusi.

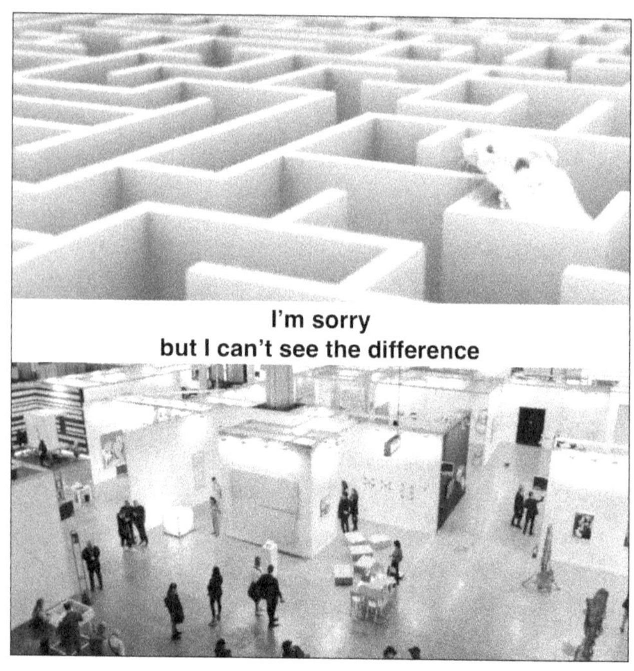
I'm sorry
but I can't see the difference

Percorrendo come topi in un labirinto la schiera di gallerie, stand travestiti da progetti curatoriali e mostre tematiche, alla velocità di una *scrollatina* sui social, si sfiorano distrattamente le opere, emettendo azzardatissime e ambiziose sentenze: «bellissimo», «già visto», «mi piace» e l'imprescindibile «interessante». Sono le massime di un ambiente che millanta un pensiero indipendente ma che produce soltanto conformismi e convenzioni.

E poi ci sono loro. I vessilli di quell'appartenenza simulata che garantisce la continuità al gioco: le mitiche "shopper". Non c'è autosuggestione più autentica di quella che ti faccia credere di possedere lo stesso sacchetto di cotone brandizzato (che poi riutilizzi per fare la spesa al super) posseduto dalle *celebrities*.

La sottile differenza è che i veri vip non l'hanno pagata.

Tu sì.

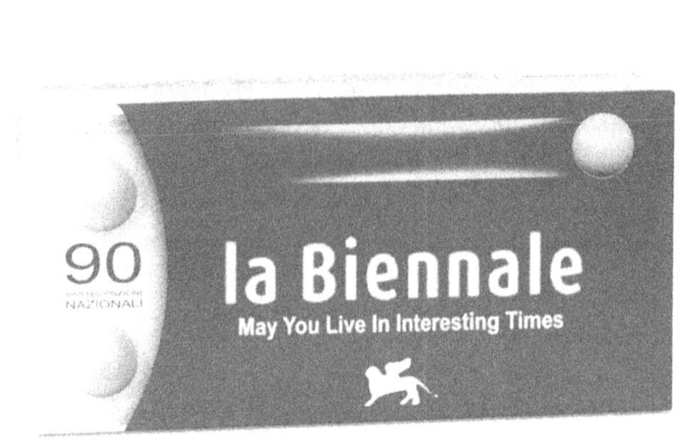

ATTENZIONE
può causare eventi collaterali anche gravi
Leggere attentamente il foglio di sala

PERCHÉ VENEZIA È VENEZIA

*Non importa chi tu sia o quanti soldi tu abbia.
Il Padiglione più bello e "interessante" alla Biennale di
Venezia sarà sempre in quell'isolotto sperduto che tu
hai intenzionalmente ignorato perché "tanto non se lo
sarebbe filato nessuno".*

È lei. La più antica. Forse non più prestigiosa come un
tempo, ma unica per la sua storia e per l'atmosfera che
solo la Laguna sa regalare: la Biennale di Venezia. Crocevia
polifonico e sismografo delle tendenze più attuali, è
l'occasione periodica per assistere sbrigativamente a ciò
che di buono l'arte ha prodotto negli ultimi due anni.
Condannata a essere sempre *up to date*, *trendy* e *cool*,
esprime più la necessità di ritrovare conferme (soprattutto
economiche), piuttosto che il desiderio della sana sorpresa
e dell'inatteso.

Inutile dirvi che ricevere o meno l'invito per i giorni
dell'opening esclusivo, prima della delirante apertura al
pubblico, è un ottimo modo per capire la vostra effettiva
influenza nel mondo dell'arte. Riassorbito qualunque delirio
di onnipotenza - che più o meno periodicamente pervade la
stabilità mentale di ogni bazzicatore assiduo del sistemino-,
grazie a quest'ennesimo bagno d'umiltà, potete decidere se:

a) Non andarci.

b) Andarci a luglio, consapevoli di rischiare un collasso da
umidità lagunare.

c) Andarci a novembre, ovvero quando le installazioni
saranno ormai decadenti o malfunzionanti.

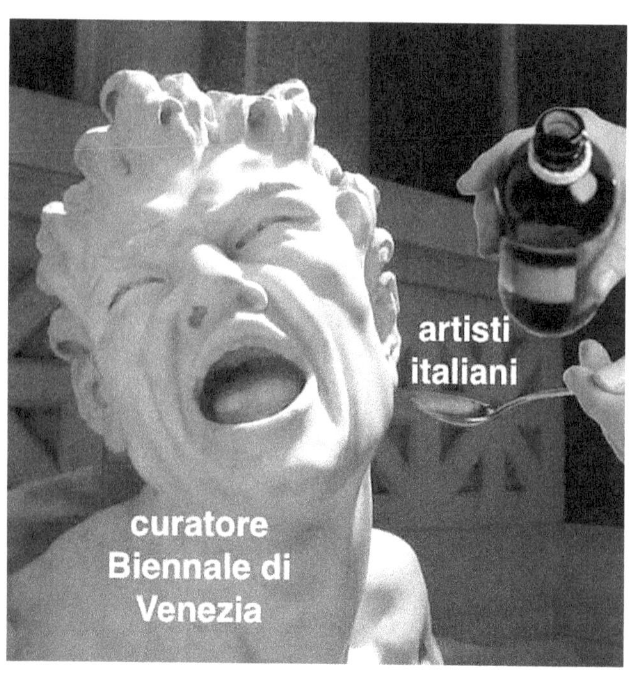
artisti
italiani

curatore
Biennale di
Venezia

d) Non andarci, ma aggiornarsi e conoscerla più di quelli
che ci sono andati. Perché andare alle mostre quando puoi
vederle sui social?

Dicono che la logica dei padiglioni nazionali sia morta: non
trovate anche voi che, molto spesso, le mostre ai padiglioni
siano più intriganti della mostra centrale del curatore? E
ancora: non trovate che, sovente, certe mostre in giro per
la città siano più significative di quelle nei padiglioni ai
Giardini e all'Arsenale?

Mito da sfatare: quel "posticino delizioso" (nome in codice
per "trattoria tipica veneziana") consigliato da conoscenti
frequentatori delle calli, non esiste. È solo un'invenzione
della Pro loco del posto per alimentare un "turismo-
esperienziale-delle–cose-autentiche" che, girottrottolandoti
alla ricerca dei sapori perduti, garantisce il benestare
del mercato delle acque minerali sovraprezzate, delle
disidratazioni e delle insolazioni diffuse.
Infine, mi sembra necessario fare una precisazione:
partecipare a una mostra a Venezia o, Dio non voglia, a
Treviso durante i mesi della Biennale, pare non ti autorizzi a
millantare una tua presunta partecipazione alla Biennale.

P.S. Ma anche voi entrate abusivamente ai Giardini
scavalcando dal Padiglione della Corea?

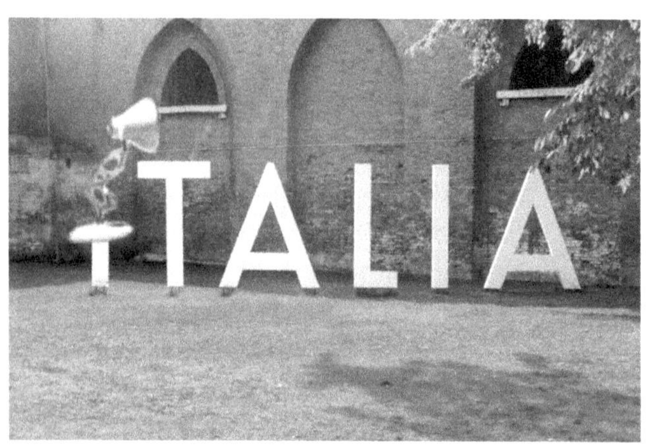

iPAD-IGLIONE ITALIA

Chiunque visiti con discreta costanza la kermesse veneziana da quasi quindici anni, saprà certo indicare la posizione fissa e abituale del Padiglione italiano (dopo quegli interminabili cento metri sotto il sole in fondo all'Arsenale).

I più informati sapranno, però, che l'attuale penosa sistemazione da "ultima ruota del carro" destinata alla già di per sé sporadica presenza azzurra all'interno della manifestazione internazionale, non è sempre stata così decentrata.

Storicamente, infatti, il grande padiglione della nazione ospitante era il fulcro dell'intera Biennale; sarà solo a partire dal 1907 che si incominceranno a costruire i padiglioni nazionali proprio intorno a quello Centrale.

È una vicenda paradossale, se vogliamo tipicamente italiana: posizionato ai Giardini fino al 1997 (ma con sempre meno spazio); nel 1999 vince il premio per la migliore Partecipazione Nazionale (con un padiglione fantasma: cinque artiste e nessuno spazio); poi "non pervenuto" fino al 2007 (collocazione attuale).

I colpevoli? Oltre a "noi", "noi" e ancora "noi"; non va dimenticato che anche il mitico Harald Szeemann qualche *boutade* ce l'ha giocata. Sì, proprio lui. Quello della mostra tanto epocale del 1969 e che citi sempre utilizzando solo il sottotitolo (è *Live in Your Head* e poi *When attitudes become form*, ca**o!). Eh già, è lui ad aver spazzato via quasi completamente il Padiglione Italia nella prima delle sue due consecutive direzioni lagunari; salvo poi recuperarlo in corner col già citato paraculissimo Leone d'oro a Bonvicini, Esposito, Lambri, Toderi e Pivi. Non possiamo però, tuttavia,

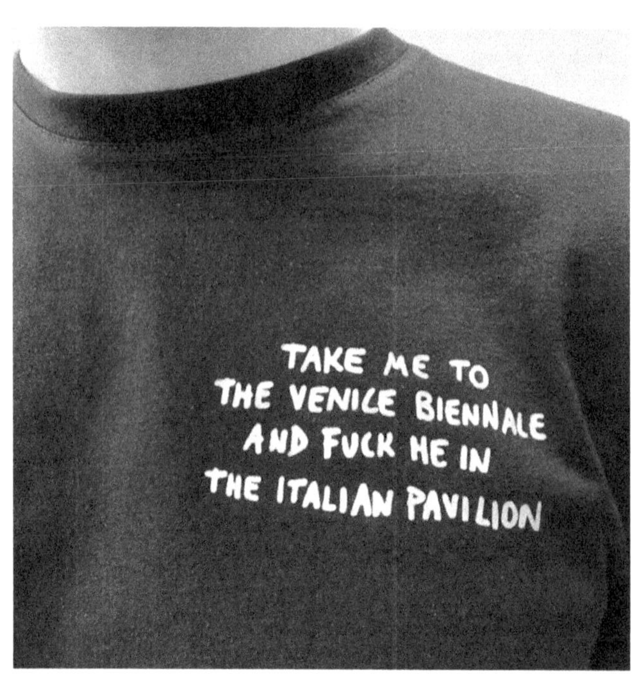

TAKE ME TO
THE VENICE BIENNALE
AND FUCK ME IN
THE ITALIAN PAVILION

incolpare il vecchio Harald per tutte le nostre inadempienze. E se a lui andasse piuttosto il merito — conscio dell'andazzo — di averci risparmiato in anticipo delle spiacevoli brutte figure?

Ecco, se mai mi capitasse di essere invitato al padiglione nostrano per la Biennale del 2000MAI, oltre a necessariamente trasformalo in un padiglione-orgia (*Take me to the Venice Biennale and Fuck me in The Italian Pavilion*), probabilmente effettuerei un'operazione più sottile e compostamente malinconica: prenderei l'odiosa, disneyana e insopportabile scritta che occupa il praticello di fine percorso alle Tese delle Vergini, per scambiarlo e riportarlo — almeno per un'unica occasione — alla sua sistemazione originale. Ovvero, campeggiante la facciata a colonnato dell'ingresso del Padiglione Centrale ai Giardini.

Un piccolo gesto, uno scambio di posto, la tragicomica rimembranza di una centralità sul palcoscenico dell'arte, che, forse già da prima di quel 1895 (fondazione dell'istituzione veneziana), avevamo già più o meno arrendevolmente lasciato ad altri.

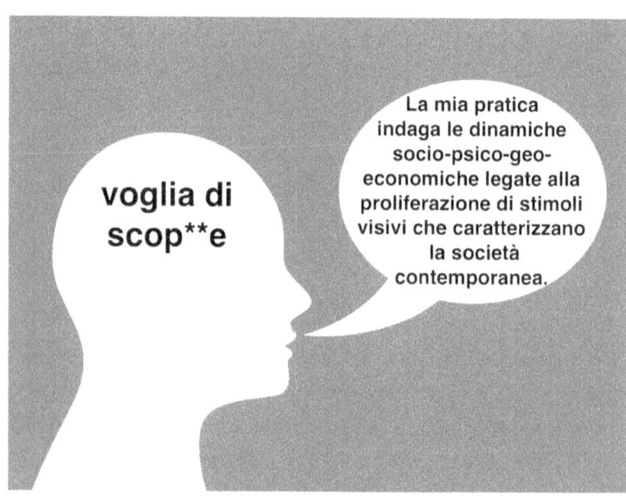
voglia di scop**e
La mia pratica indaga le dinamiche socio-psico-geo-economiche legate alla proliferazione di stimoli visivi che caratterizzano la società contemporanea.

BACCANTI INTELLETTUALI E ALTRI ENIGMI

Nel mondo dell'arte non esistono né parenti né amici.

Lo so, potrebbe sembrare una banalità; una delle classiche frasette motivazionali da spogliatoio pre-derby. Vi assicuro, però, che è realmente così.

Non sto dicendo che non sia contemplata la possibilità di costruire legami affettivi solidi; tutt'altro. All'esterno di quel contesto si creano sovente dei rapporti autentici, talvolta rasenti l'intimità più corporale: serate indimenticabili, vacanze spettacolari e, addirittura, testimoni di nozze che mai si sarebbero immaginati.

Fuori sì. Dentro, però, no.

Perché? Perché ci sarebbe troppa roba in ballo per permettersi di abbassare la guardia in una pozzanghera di sangue infestata da squali.

Non ne siete convinti? Provate a stilare la lista delle aspettative disattese: mostre di "amici" curatori di cui pronosticavate l'invito; l'acquisto di un'opera da parte dell'amico collezionista che vi metteva sempre *like* su Instagram; progetti e collaborazioni varie di cui confidavate il coinvolgimento…

Devo continuare?

La verità è che le relazioni affettive nel mondo dell'arte esistono, a condizione che ci si possa essere utili a vicenda; strumentalizzare i legami di amicizia e d'amore per inserirsi meglio in un determinato contesto.

Tutto poi viene ampiamente esasperato grazie a Internet. Desiderio di flirtare e voglia di farsi notare da un addetto ai lavori vengono reiteratamente fraintesi per l'ambiguità e

fuck
italian art
send
nudes.

le specificità di determinate "leve". L'azione coordinata di
follow su IG, amicizia su FB, richiesta di collegamento su
LinkedIn eppoi segui su Twitter a distanza di una manciata
di minuti. Oppure, una cascata di *like* tatticamente piazzati
per costringere la preda scelta a farsi un giretto sui nostri
profili social.

Ora, non mi resta che mettervi in guardia da una delle
sagome più insidiose e subdole che si possono incontrare
durante la mondanità degli eventi culturali e che dà il nome
a questo capitolo. Dicesi "baccante intellettuale", figura
femminile (ma esiste anche la corrispettiva quota maschile,
tranquilli) di età afferente alla menopausa; pedantemente
arrivista; razziatrice di vassoi da prosecco (è giustamente
la sacerdotessa dello strepito da alcol); praticante il flirt
imperituro con — nell'ordine — artista, curatore, gallerista,
padre dell'artista, custode del museo.

Ah dimenticavo! Forse arrivati a questo punto è un po'
tardi per avvertirvi, ma meglio saperlo: se non siete ricchi
non potete fare gli artisti. Diversamente, non vi resta che
immolarvi nel meraviglioso mondo delle baccanti intellettuali
coi soldi e della "Ereditieri Acquisiti S.p.A." ;) ;) ;)

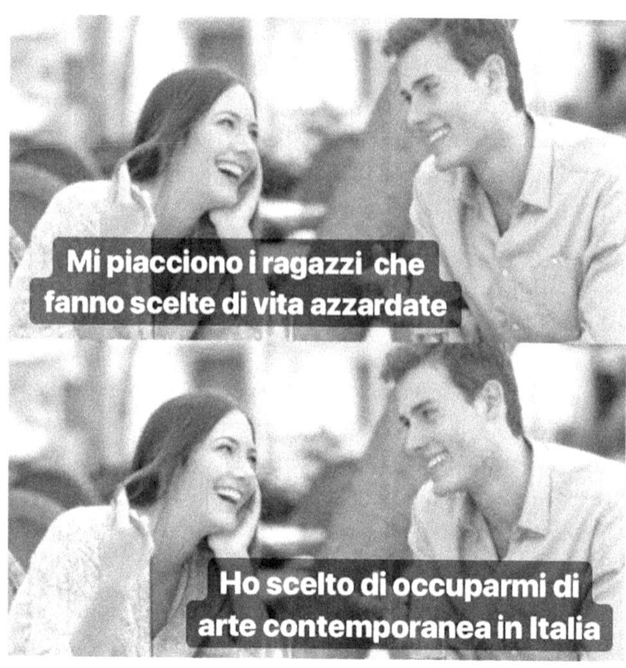

Mi piacciono i ragazzi che fanno scelte di vita azzardate
Ho scelto di occuparmi di arte contemporanea in Italia

AMOUR SYSTÉMATIQUE

1. Siamo fatti della stessa sostanza dei "poi ci sentiamo che ti devo parlare di un progetto a cui sto lavorando".

2. Pensavo che con te fosse un "solo show" e invece era una collettiva.

3. Mi Bon-ami?

4.a Che ne dici di salire su da me? Ti mostro la mia collezione di farfalle. (Damien Hirst)

4.b Che ne dici di salire su da me? Ti mostro la mia Collezione. (Castello di Rivoli)

4.c Che ne dici di salire su da me? Ti mostro la mia collezione di "Grazie per aver partecipato ma la tua opera non è stata selezionata" (Giovane Artista Italiano Semplice)

5. Sono stati i Gioni più belli della nostra vita.

6. Oggi i giovani artisti intrattengo rapporti occasionali con le gallerie.

Rigorosamente non protetti.

7. Amami come Alvigini ama il sistema dell'arte italiano.

8. Sei speciale, come un divanetto nell'area relax lasciato libero dopo quattro ore tra gli stand in fiera.

LA CRITICA D'ARTE

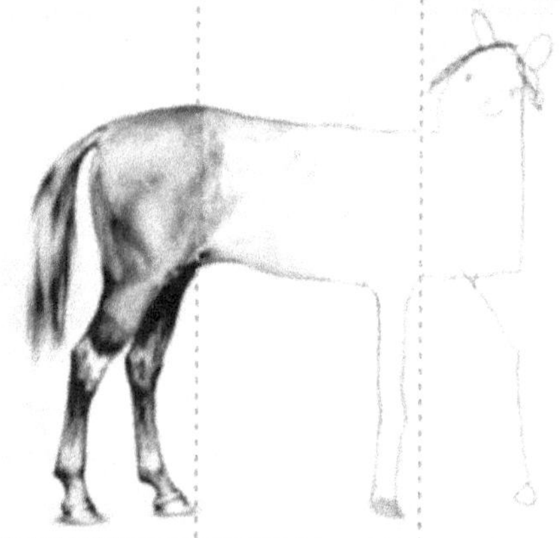

Le 4 cose che spariscono quando ne hai più bisogno

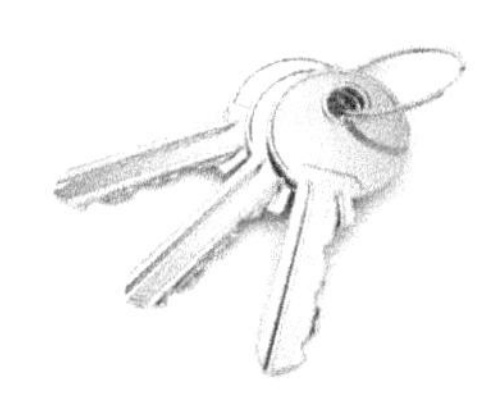

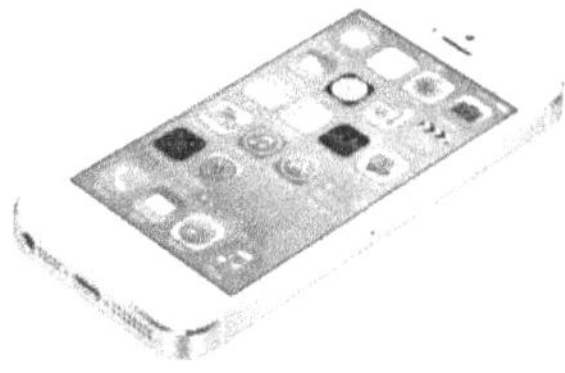

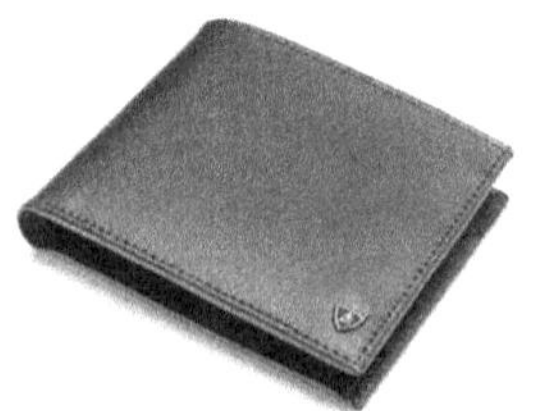

CRITICO E (IL) PUBBLICO

Non è un caso che la sezione dedicata alla critica e al pubblico si trovi in coda; trattasi di realtà che illustrano efficacemente due modi diversi di incarnare l'irrilevanza.

Oggi l'arte sembra riscuotere molto successo tra le masse. Probabilmente, perché è riuscita a imporsi come rito collettivo di un certo nuovo *lifestyle:* quello della "domenica gratis al museo", de "la Bellezza che salverà il mondo" e del brunch domenicale prima dell'imperdibile e molto scientifica mostra "da Monet a Picasso" di goldiniana memoria. Uno *status symbol* accessibile a tutti ma solo e soltanto nei primi gradini dello ziggurat del potere, che presenta alla sua sommità una super ristretta cerchia di mega-*player* in grado di detenere e far girare quella speciale categoria di oggetti sensibilmente soprasensibili, investiti dall'aura dell'artisticità; *alias* valore economico.

Il pubblico a questa cerimonia esclusiva non è invitato: mentre in altri ambiti è proprio lui a tenere in mano le redini della partita — decretando il successo o il fallimento di un film, di un libro o di un disco —, nel mondo dell'arte, al momento della presentazione pubblica, i giochi sono già stati fatti.

Ma al grande match della cerimonia dei valori, non partecipa neanche il critico. La critica d'arte è stata spazzata via dal suo figlioccio, nato dalla costola della militanza, il *curator.*

Se "tutto è uguale" — come abbiamo più volte ribadito — viene a mancare la funzione del giudizio competente e riconosciuto come tale. A che ci servono i Venturi, le Lonzi, i Crispolti, le Alinovi, i Dorfles, quando le opinioni sono *prêt-à-porter* e si esauriscono in dubbi listini dai titoli "clickbait":

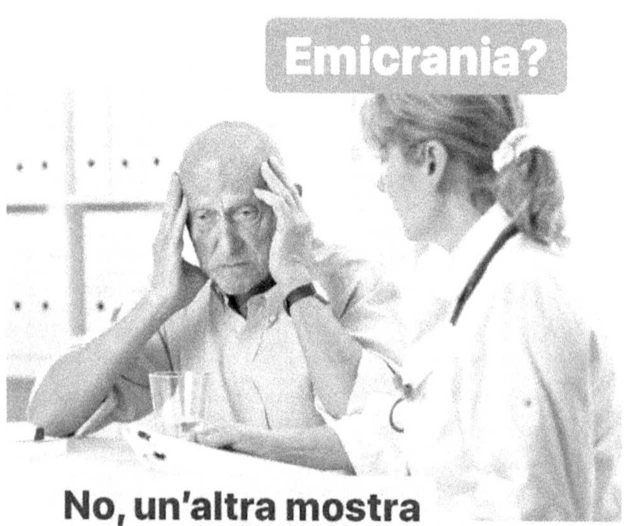

Emicrania?
No, un'altra mostra
Van Gogh Experience

"i 5 migliori stand in fiera", "dieci padiglioni da non perdere in Biennale", "8 artisti da seguire assolutamente su IG".

Senza rimuginare sulla nostalgica assenza di personalità autoritarie e decisamente anacronistiche oggi nel panorama contemporaneo, perché non soffermarsi e rispolverare, invece, l'intima e originaria natura della stessa essenza critica? Facciamoci guidare da un'esperienza più personale di questa attività, intesa come la "capacità di discernere e separare", riconoscere il vero dal falso, chi c'è e chi ci fa, l'autentica artisticità dalla furberia arrampicatrice, capire l'importanza di una posizione critica. Proviamo ad azionare gli strumenti del sano sospetto e del cinismo costruttivo, invece di accettare aprioristicamente ciò che i media, i millantati professionisti e i vicini di casa ci riferiscono; o di farci avvelenare dai temperamenti insoddisfatti dei "rancorosi da tastiera".

Nel frattempo aspettiamo.

Chi lo sa che meticciare i ruoli possa non servire a qualcosa: prima penso, poi critico e infine posto.

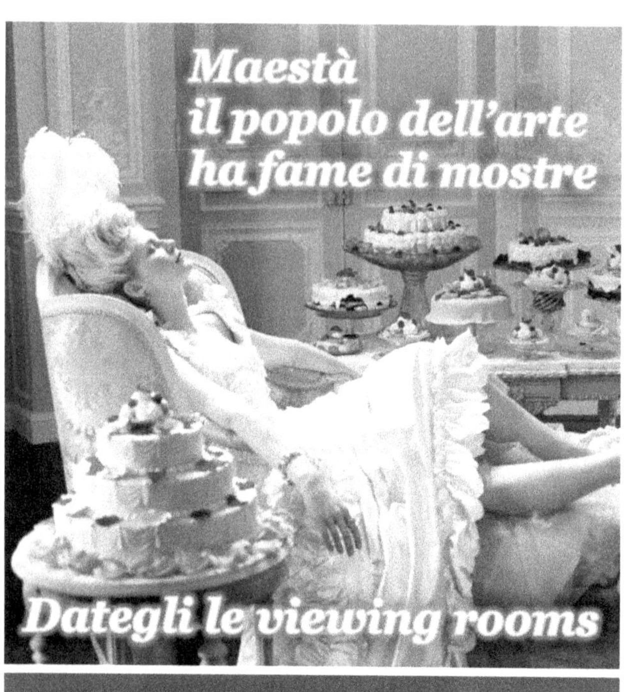

Maestà
il popolo dell'arte
ha fame di mostre
Dategli le viewing rooms

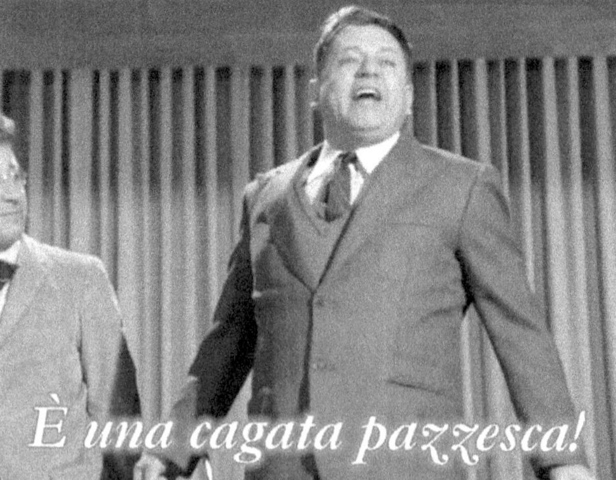

Mettere le mascherine alle opere d'arte famose e definirle "Arte ai tempi del Coronavirus"
È una cagata pazzesca!

COVID: NON ESISTONO CURE, SOLO CURATELE

*Con l'emergenza del virus, d'ora in avanti si scriveranno
recensioni senza andare a vedere le mostre, basteranno
i comunicati stampa e la documentazione fotografica.
Visualizzeremo e parleremo degli eventi attraverso le storie
su Instagram pubblicate da altri. Ma guardiamo il lato
positivo: cos'è cambiato?*

«Abbiamo bisogno dell'arte, ora e più che maiihhihihih»,
«l'arte non si fermaahhahahah»…

Ci sono voluti circa tre mesi di "dirette streaming alle 18:00",
di *hashtag* evitabili e tante cadute di stile per capire che «no,
l'arte, per come l'abbiamo vissuta, comunicata e raccontata,
non è quella di cui abbiamo davvero bisogno».

Abbiamo assistito al rincorrere affannoso verso il digitale
di realtà istituzionali che, fino al giorno prima, non si
preoccupavano (veramente) della sua stessa esistenza. Siamo
stati soffocati da una sovrapproduzione di contenuti dei quali
non sentivamo il bisogno, presentati istericamente come se
fosse un dovere — per tanti attori del sistema — ricordare al
mondo che, nonostante l'emergenza, «io esisto quindi l'arte
resiste».

Abbiamo perso l'occasione di mantenere il silenzio. Certo,
detto dal sottoscritto sembra un po' posticcio, ma fidatevi,
lo credo veramente. Abbiamo mancato la possibilità di
effettuare un necessario vuoto di pensiero, un'auto-analisi del
nostro operato. Tutto perché dovevamo far sapere al mondo
— alle 18:00 — cosa pensavamo del futuro dell'arte.

Con la doverosa distanza temporale, le previsioni più
lucide accompagnate dall'effettività delle notizie, non
fanno altro che descrivere uno scenario futuro tutt'altro
che rassicurante. Musei e gallerie che licenziano, spazi

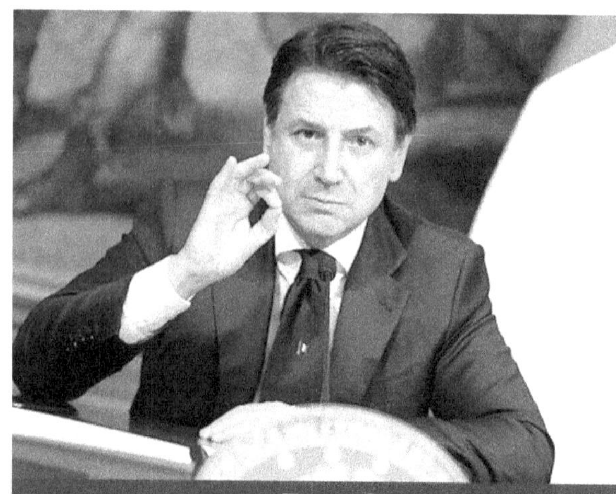

SESSO, DROGA E MOSTRE VIRTUALI 'N' PDF

espositivi che chiudono e i grandi eventi rinviati, sono
solo alcune delle escrescenze più visibili di un ambiente
insostenibile, sfruttatore e tossico, ma condannato all'ostinata
presentazione di un sé sano, perfettamente funzionante.

Era preferibile un po' di silenzio tra marzo e giugno o un
minuto di silenzio ora per ogni attività culturale chiusa e che
non riaprirà più?

#memo per i galleristi: "Meglio un morto in casa, che un
collezionista che vuole restituire un'opera alla porta".

Ah, mi raccomando, continuate ad elargire consigli e
previsioni non richieste sul sistema dell'arte post-Covid.
Non vi dispiace se vi ignoro, vero?

[buio.]

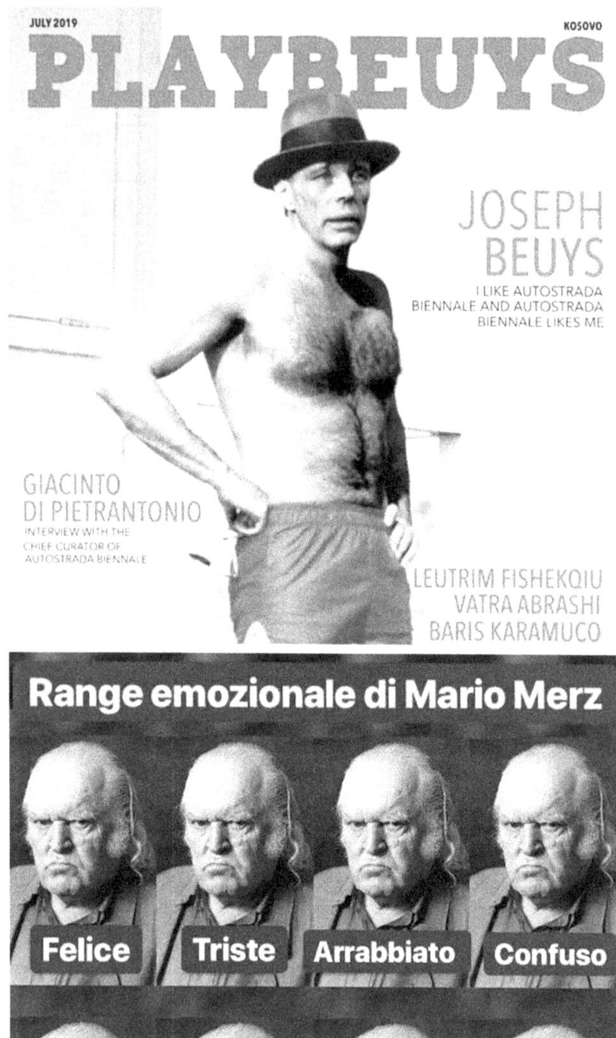

JULY 2019
KOSOVO
PLAYBEUYS
JOSEPH
BEUYS
I LIKE AUTOSTRADA
BIENNALE AND AUTOSTRADA
BIENNALE LIKES ME
GIACINTO
DI PIETRANTONIO
INTERVIEW WITH THE
CHIEF CURATOR OF
AUTOSTRADA BIENNALE
LEUTRIM FISHEKQIU
VATRA ABRASHI
BARIS KARAMUCO
Range emozionale di Mario Merz
Felice
Triste
Arrabbiato
Confuso
Annoiato
Sorpreso
Divertito
Eccitato

INTERMEZZO

1. L'erba Voglio non cresce neanche nei Giardini della Biennale.

2. Goldiechiari e amicizia lunga.

3. Tutti i nodi vengono al Pettena.

4. Prendere due piccioni con una Favaretto.

5. Tira più un pelo di ICA che un carro di buoi.

6. Fastidioso, come un Arcangelo Sassolino nella scarpa.

7. Un Rondinone non fa primavera.

8. La madre degli artisti è sempre incinta.

9. Non rimandare a domani l'application che scade oggi.

10. Collezione di Panza di Biumo, collezione di sostanza.

11. A di Albero; B di Banana; C di Cane; D di Domodossola; E di Rama.

12. Sul Fabio Viale del tramonto.

13. "Minchia Janny, Carabbaggio". (La leggenda di Al, John e Jack)

14. Tibia e Perrone.

15. Galleria vecchia fa buon fatturato.

16. Ordino un pacco su Amazon; arriva Massimo Bartolini a consegnarmelo.

17. VOGLIAMO TUTTO e soprattutto l'ingresso ridotto.

18. Una mela al giorno, non ti garantisce il Terzo paradiso.

19. Se ti viene sete, Bevilacqua La Masa.

20. Nella botte piccola c'è il vino buono.
Quindi basta usare il vino della botte grande agli opening!

21. Toglietemi tutto, ma non la mia colazione a base di latte e Rossella Biscotti.

22. Tuttofuoco e niente arrosto.

23. Domanda:
Secondo te, chi è l'artista più sopravvalutato/a?
E perché proprio Marina Abramović?

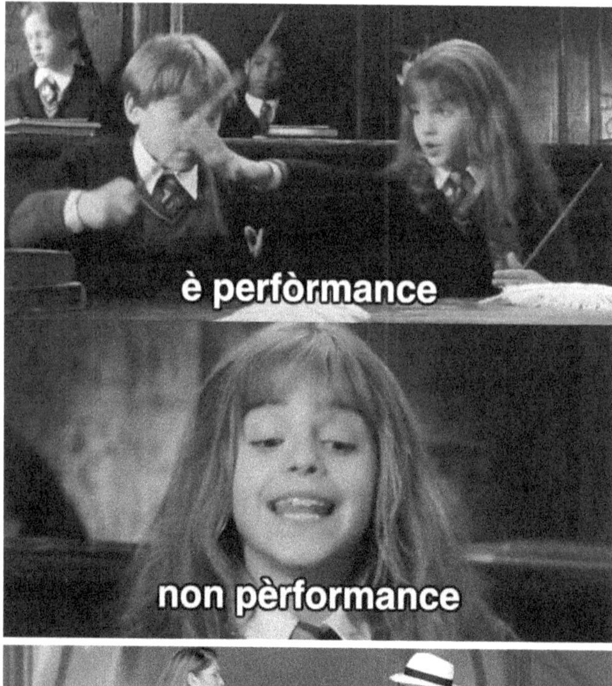
è perfòrmance
non pèrformance

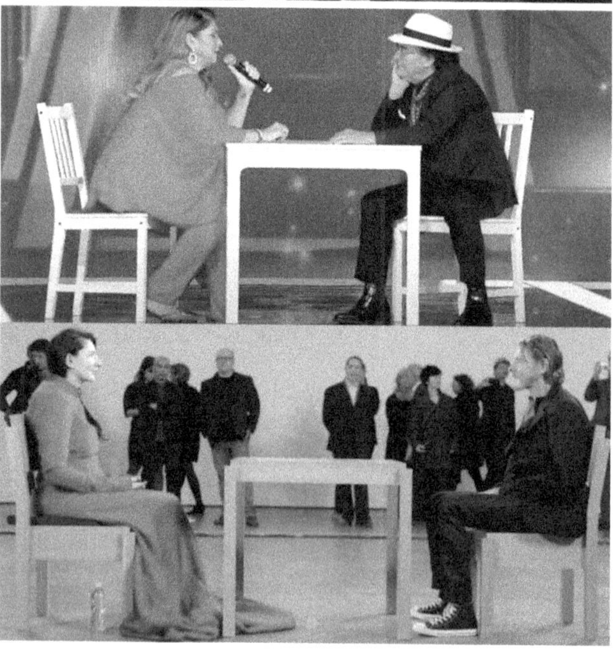

24. Donatella Rettore – IL GRUPPO COBRA NON È UN SERPENTE

25. Tiziano Ferro – FIERE NERE

26. Nek – L'AURA NON C'È

27. Edoardo Vianello - ABBRONZARTISSIMA

28. Amedeo Minghi e Mietta – VETTESE AMORE (BONAMINO AMOROSO)

29. Fabrizio De André – DE CARLO MARTELLO

30. Ricchi e Poveri – SARÀ PERCHÉ TI ABO

31. Pippo Franco – MI SCAPPA L'ATP, DIARY

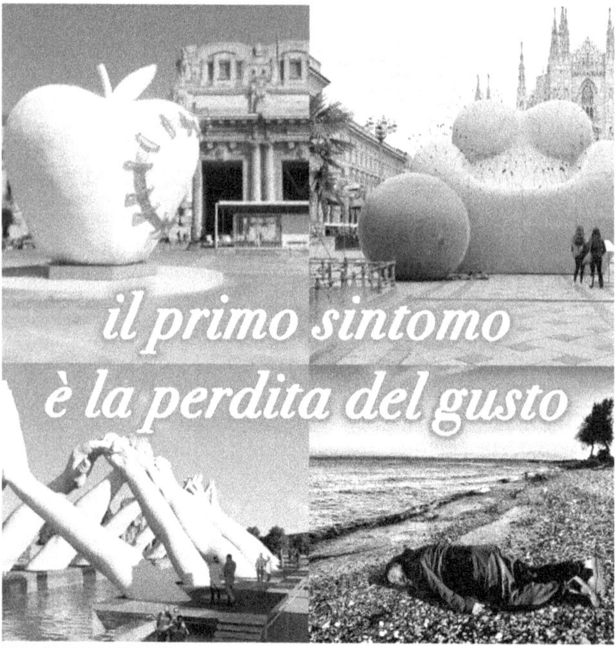

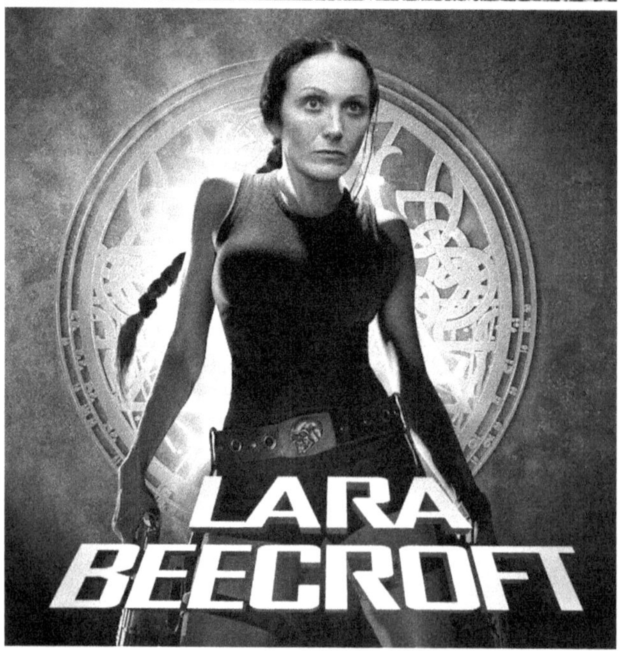

il primo sintomo
è la perdita del gusto
LARA
BEECROFT

COME RENDERE INTERNAZIONALE L'ARTE ITALIANA

Fondazione Sadretto	Little Alexander Foundation
Pirelli Hanger Bicocca	Apricot Hangar
Giacinto Di Pietrantonio	Giacinto Of PeterAnthony
Artissima	Very Very Art
Cecilia Alemani	Cecilia To The Hands
ABO	Achille Beautiful Olive
Fondazione Bevilacqua La Masa	DrinkWater La Masa Foundation
Milovan Farronato	Milovan SpeltBorn
Giulio Paolini	Julius LittlePauls
Lorenzo Giusti	Lawrence Rights
Alessandro Piangiamore	Alexander CryLove
Vedovamazzei	WidowMazzei
Patrick Tuttofuoco	Patrick AllFire
Ettore Favini	Ettore MakesWines
Arcangelo Sassolino	ArkAngel LittleStone

io: "Quanto mi costerà ottenere successo nel mondo dell'arte?"
il mondo dell'arte:
Scegli il metodo di pagamento:

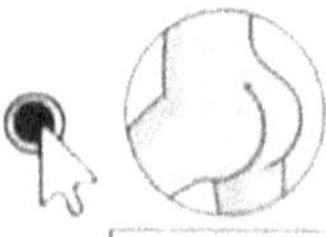

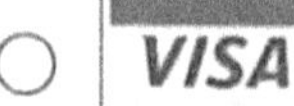

VISA

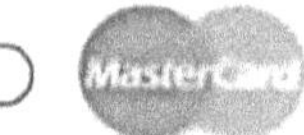

MasterCard

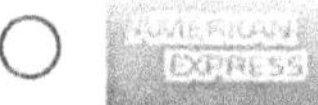

AMERICAN
EXPRESS

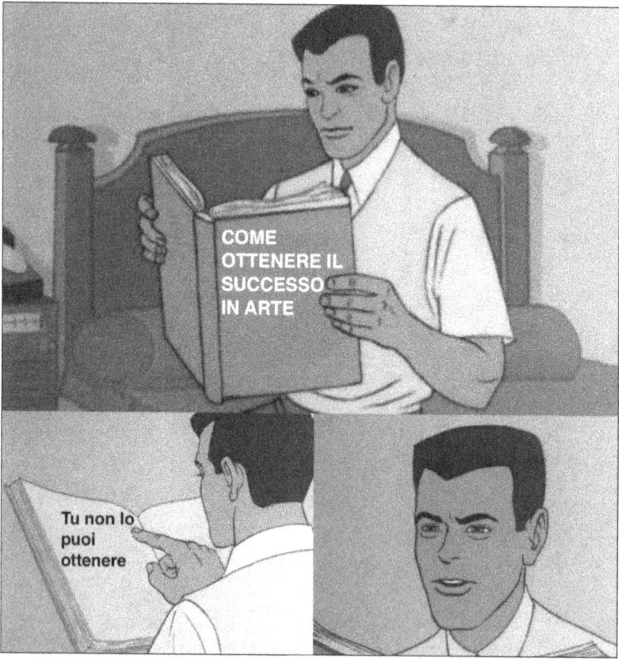

COME
OTTENERE IL
SUCCESSO
IN ARTE
Tu non lo
puoi
ottenere

COME OTTENERE UN RAPIDO E IMMERITATO SUCCESSO IN ARTE

Nell'epoca dell'opinionismo improvvisato, degli s-consigli non richiesti e delle lauree in Tuttologia Applicata perseguite all'Università della Strada, non sorprende — per quanto riguarda l'industria culturale — la proliferazione di ricettacoli e "libercoli da ombrellone" redatti da affaristi, o dalle proprie segretarie, che promettono di fornire i numeri vincenti per sbancare al casinò dell'arte. Ovviamente, previa ferrea adesione alla dottrina dello sciamano di turno, comprovabile tramite l'acquisto del testo o alla sottoscrizione di sofisticatissimi quanto mortificanti abbonamenti.

Basterebbe questa premessa per legittimare qualunque mio presuntuoso auto-investimento intellettuale che mi permetta di enunciare le modalità con cui raggiungere qualcosa che, al momento, si palesa come inarrivabile persino al sottoscritto: il successo in arte.

In primis, perché, come appena accennato, al tramonto dei miei venticinque anni suonati, non posso dire di godere dei riconoscimenti necessari per auto-considerami una celebrità. Non troppo secondariamente, perché chiunque millanti di possedere la ricetta di questo eroso e stancante *diktat* — che ci impone di essere e di sognare-di-essere solo ed esclusivamente i "numeri uno" —, sta tendenzialmente mentendo per vendere fuffa ai più.

In fin dei conti, mi sono sempre occupato di questo: indagare per de-costruire le logiche, le isterie e le contraddizioni del sistema dell'arte, preoccupandomi di analizzare e definire le tappe obbligate e i percorsi pre-stampati che influiscono sui processi decisionali e istituzionalizzanti per il giovane artista.

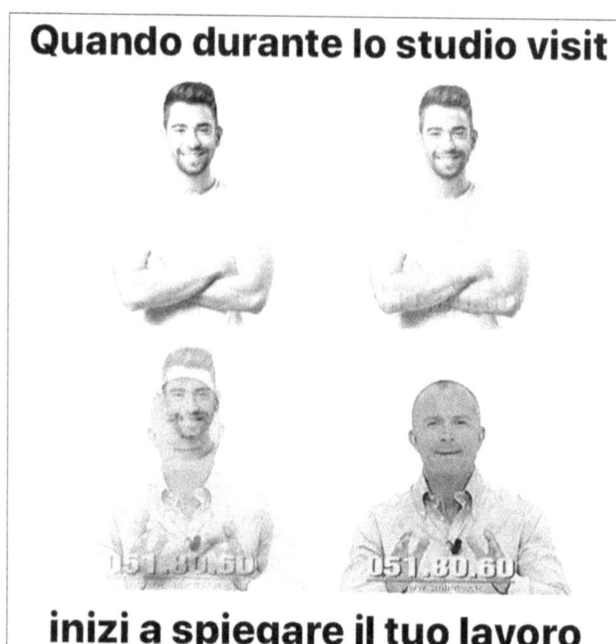

Quando durante lo studio visit
051.80.60
051.80.60
inizi a spiegare il tuo lavoro

Questa ricerca sistematica nel porre l'attenzione sulla dimensione meta-tauto-autoreferenziale che tratteggia il mio lavoro è che certamente è riconducibile a esperienze già ben radicate: dal *détournement* debordiano, passando per l'algidità di certa *Institutional Critique,* fino ad arrivare al sarcasmo Pop degli anni Novanta. Il periodico riproporsi di certi atteggiamenti non fa altro che dimostrare la tenuta senza tempo e la necessità costante di revisione e messa in discussione delle dinamiche più procedurali, noiose e intrinsecamente incoerenti dell'*ArtWorld.*

P.S. Il segreto del successo di un artista, consiste nella sua capacità di:

1) comprendere le logiche costituenti l'articolato processo dei mutamenti culturali di cui gli stessi linguaggi artistici sono conseguenza

2) fare propri questi meccanismi e cercare di distinguersi, imponendosi come interprete plausibile ed efficace

3) magari, anticipandone gli sviluppi.

Il maggiore o minore successo del suo lavoro dipenderà dal numero di addetti ai lavori che riuscirà a mobilitare, ottenendo sostegno per la reputazione e le migliori opportunità. Perché alla lunga, chi conosci è più importante di quello che fai.

IN ARTE
CONTANO
LE
PUBICHE
RELAZIONI

ARTISTAHAHAHAHAH

*Definirsi "artista" è come definirsi "str**zo", è qualcosa
che non puoi dirti da solo. Te lo devono dire gli altri.*

Da diversi anni a questa parte (ma tutto il XX secolo
ci insegna che è una condizione ricorrente) mi capita
di mal digerire il riconoscimento a cui tanti sembrano
irrimediabilmente e aprioristicamente aspirare: lo *status*
dell'artista.

Nell'epoca in cui è lo stesso capitalismo a farsi "artistico"
e la nostra esistenza è soggiogata da un'estetizzazione
diffusa - non certo più bella, piuttosto apparentemente
brulicante di stimoli - questa non-professionalità
riconosciuta (o professionalità non-riconosciuta, a vostro
piacimento) sembra non rispondere più con incisività alle
sfide riservate dal proprio tempo. La soluzione apparente?
L'assunzione di pose e di esausti esclusivismi, dal facile
naufragio in improbabili e sempre più naïve "maledettismi"
di facciata.

Badate bene, non sto riferendomi qui soltanto alla
frustrante e stantia retorica del maledettismo romantico
"da orecchio mozzato", che infiamma il desiderio
vorace di cultura, sandali e borsa di tela delle girls della
"Bellezza-che-salverà-il-mondo". No. Parlo soprattutto
dell'altrettanto avvilente e non-più-nuovo maledettismo
dell'artista manager-di-sé-stesso.

Rimandando gli approfondimenti sociologici intorno a
una fenomenologia di queste figure in una pubblicazione
futura più consona — magari nei "Commentari al Manuale
per Giovani Artisti (Italiani Semplici)" —, quello che vorrei
confessare è un certo grado di disagio e insofferenza
nel sentirmi bollare (quelle poche volte che accade,
fortunatamente) come "artista".

Un po' perché, come dichiarato poc'anzi, essendo la
stessa definizione ambigua e alquanto irrisolta oggi, è da
considerare illecito, se non quantomeno di cattivo gusto,
qualunque tipo di auto-proclamazione di artisticità senza
il benestare di un sistema istituzionalizzato a farlo. Un po'
anche perché uno spirito *unheimlich* di democratizzazione-
diffusa ha instillato l'illusione che, nel Mondodell'arte -
proprio così, con la M maiuscola e tutt'attaccato - ci fosse la
possibilità di dare spazio a tutti (e mentre scrivo spero non ci
siano virus a riequilibranre le cose…).

Nell'attesa di una necessaria ri-configurazione dei requisiti
necessari per la Patente d'Artista, quando mi dicono «sei un
artista», rispondo cortesemente «artista sarà tua sorella».

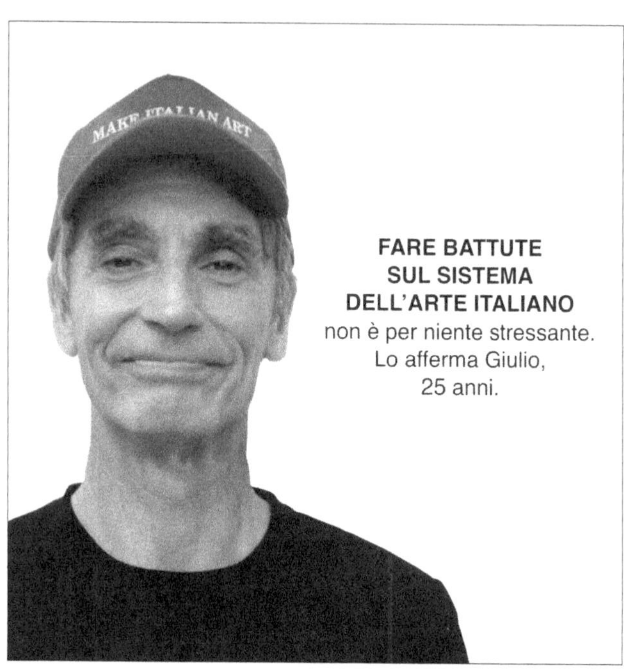

**FARE BATTUTE
SUL SISTEMA
DELL'ARTE ITALIANO**
non è per niente stressante.
Lo afferma Giulio,
25 anni.

GIULIARE DI CORTE

Come tutte le corti che si rispettino, anche quella dell'arte esige i suoi giullari.

Vero e proprio *status symbol* nelle corti medievali e rinascimentali — più se ne aveva e più si era considerati potenti — la funzione del giullare era quella di tener compagnia al signore, farlo divertire e, soprattutto, consigliarlo anche su decisioni importanti. Fingendosi pazzo, era il solo che poteva dire quello che pensava davvero, ed era l'unico di cui il re si fidasse ciecamente grazie alla sua sfrontata capacità di denunciare le verità più scomode attraverso l'ironia.

Perfetti intermediari tra la cultura di corte e quella popolare, erano i protagonisti di celebrazioni come la "Festa dei Folli", il cui sovvertimento temporaneo dei ruoli gerarchici (e il suo rovesciarsi in burla) era in realtà un espediente per lo sfogo temporaneo del popolo oppresso. Questi intrattenitori sopra le righe svolgevano altresì una non meno primaria funzione: da artisti girovaghi erano garanti della trasmissione della cultura orale, delle tradizioni popolari e della diffusione di notizie.

Nel suo epocale "Appunti per una guerriglia" (era il 1967, era il testo che accompagnava il catalogo dell'Arte povera e pubblicato anche su *Flash Art*), Germano Celant utilizza il termine "giullare" per indicare l'artista come figura servile, appannaggio del potere ed esempio da cui la nuova arte, diretta erede delle avanguardie, dovrà coscientemente prendere le distanze. Ora, passati più di cinquant'anni dal contesto sessantottino, riusciamo tranquillamente a testimoniare che, Arte povera a parte, è ben radicata e rintracciabile una tradizione "ironica" dell'arte italiana.

Possiamo discrezionalmente partire da Piero Manzoni, transitando per Alighiero Boetti e Pino Pascali (poveristi a modo loro), Gino De Dominicis, Aldo Mondino, il Concettuale Ironico Italiano, fino ad arrivare a Maurizio Cattelan, cinquanta sfumature di Francesco Vezzoli e Paola Pivi. Ciò non vuol dire generalizzare su percorsi eterogenei, chiudendoli nel "cassetto" dei buffoni e degli intrattenitori del sistema: tutt'altro. Semmai significa riconoscere a questi pesi massimi dell'arte italica il ricorrere ad astuzie e leggerezze in cui l'obbiettivo fintamente disimpegnato è celato dietro la maschera del sarcasmo sofisticato, del facile *calembour* e dello scherzo. È attraverso la commedia degli equivoci che si mette in scena lo scardinamento dei caratteri più contraddittori del proprio tempo.

La predisposizione alle battute di spirito e ai giochi di parole appartiene saldamente alla cultura italiana, e non stupisce l'ostinata aspirazione che molte giovani promesse hanno dimostrato per certe posture. Attenzione però, i posti disponibili per i novelli giullari sono già tutti esauriti. Nulla ti impedirà di esercitare la tua frizzante verve spiritosa e sarcastica fuori dal recinto dell'*ArtWorld*, salvo accettare la s-qualifica di rancoroso e frustrato outsider di sistema.

Sì, perché se sei dentro alla corte fai ironia intelligente, mentre se sei fuori sei solo uno sciocco.

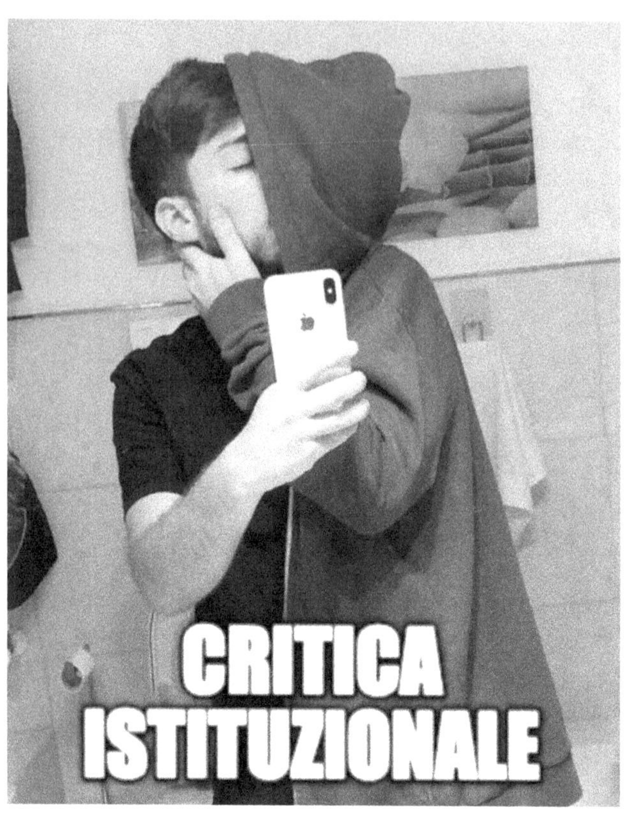
CRITICA
ISTITUZIONALE

EPIGONO È BELLO
(ALL'INIZIO)

Ho avuto i miei primi rapporti non-protetti con l'arte
contemporanea entrando in Accademia. Intendo, con questi
primi *rendezvous*, qualcosa di molto più strutturato e maturo
della gitarella alla Biennale di Venezia o alla qualunquista
letteratura artistica, scritta e tradotta in lingua "gentese" per
"gli amanti dell'arte".

Diversamente da tanti miei baldi compagni, vittime
inconsapevoli di corsi di studi dove «ciò che conta per
l'arte universale coincide con ciò che piace al docente di
cattedra», invece che emozionarmi scompostamente per
la struggente vacuità degli occhi di Marina Abramovic
durante *The Artist is Present* — sopravvalutata, ma
memeticamente inesauribile —, mi innamorai, o
meglio mi ossessionai, per tutti quei funzionamenti
apparentemente secondari che, scoprii più tardi,
andavano a regolare gran parte della macchina produttiva,
economica e legittimante che inscriviamo sotto il nome
di "Sistema dell'Arte". In parole povere, tutto ciò che
annoia e non si insegna a scuola: il "Terziario Avanzato
del Mondo dell'arte", come mi piace definirlo.

Questa prima sgangherata e autodidattica formazione
mi portò a elaborare autonomamente una, credo,
condivisibile o quantomeno umilissima verità: difficilmente
si inventa qualcosa che non sia già stato fatto o intuito
precedentemente da qualcun altro. Se questo è già
complicato da accettare nella vita, figuriamoci negli anni

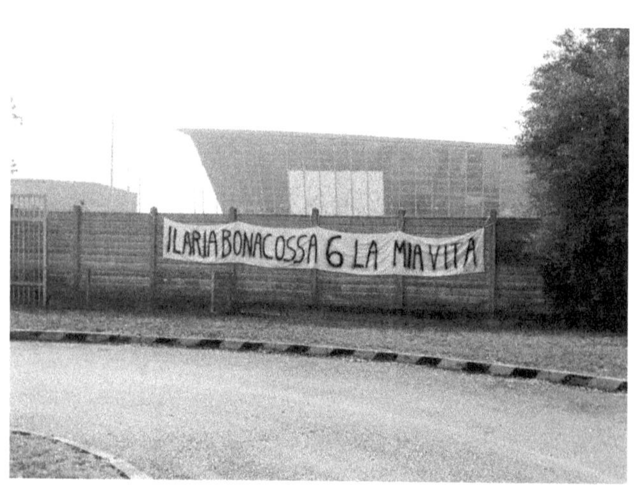
ILARIA BONACOSSA 6 LA MIA VITA

trascorsi in Accademia. Sottoscrissi quindi supinamente
la mia condizione da epigono, fino a maturità avvenuta,
onde evitare inconsapevoli e ineluttabili scimmiottamenti e
percorsi già-visti, presuntuosamente scambiati per inediti.

In fuga dall'Accademia di Genova verso approdi torinesi, mi
chiedevo come svincolarsi da certi intenzionali epigonismi
accademici (trasformare il Museo d'Arte Contemporanea
di Genova in un hotel o altri virtuosismi alla Cattelan) e,
soprattutto, quali fossero le modalità con cui un giovane
artista potesse riuscire a sovraesporre mediaticamente il
proprio lavoro senza tuttavia possedere un curriculum
sufficiente per meritarselo.

La risposta — come già saprete — la ottenni osservando
un altro personaggio che, come me, stava transitando
dal capoluogo ligure alla città sabauda. Utilizzai il nome
della Ilaria Nazionale per attirare l'attenzione e per
dichiarare il mio sincero e nocivo amore (questo sì) nei
confronti del mondo dell'arte. Un amore non sottomesso
o assoggettato incoscientemente, ma che, consapevole
delle falle e delle problematicità strutturali implicite
del sistema, ne esaltasse e ne sottolineasse la bellezza
collaterale. Il resto è cronaca: la coda di macchine per
fotografare l'opera, l'immediato rilancio sui social e sulle
riviste di settore non si concretizzarono in quell'effettivo
riconoscimento tanto sperato.

Mancava qualcosa, una pagina di meme…

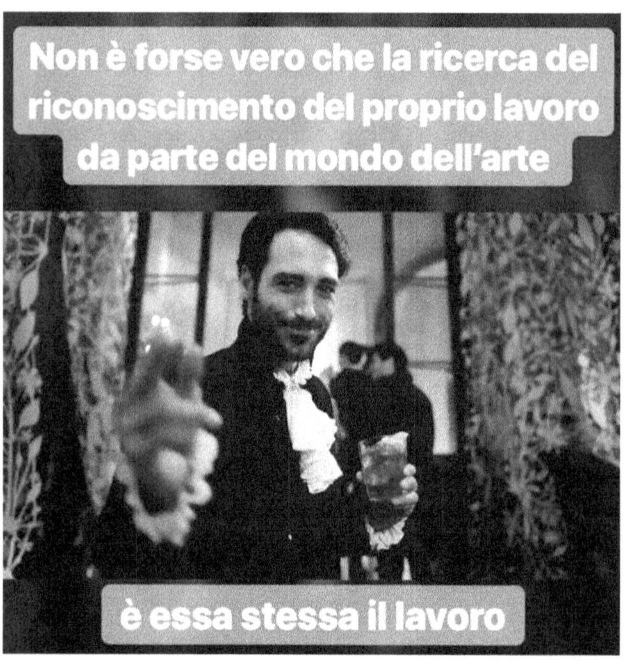
Non è forse vero che la ricerca del riconoscimento del proprio lavoro da parte del mondo dell'arte
è essa stessa il lavoro

WHEN ATTITUDES BECOME MEME

I meme non sono arte.

Il meme è un linguaggio o, più correttamente, un "dispositivo linguistico" — che si distingue per caratteristiche peculiari, come le capacità di riproducibilità/viralizzazione e di reinvenzione — classificabile tra i principali e più efficaci media visuali che meglio interpretano le atmosfere di nevrosi e ironia diffusa di cui è impregnata la società odierna.

Candidabile a una latente artisticità non è da considerarsi la singola "immaginetta buffa", incapace di innescare di per sé particolari riflessioni (aldilà, naturalmente, del solito "effetto Ahah"). Il cambio di paradigma si verifica nel momento in cui ci si predispone a una visualizzazione del meme come "categoria", come contenitore di oggetti con proprietà simili: l'insieme e non il singolo, il prodotto collettivo sull'autorialità. È il processo memetico che permette a questo linguaggio di inscriversi e aderire perfettamente a un "sentire" contemporaneo (tra cui la sua ormai fortunata ascesa al mainstream o "normification").

Ne è diretta conseguenza la sua più che evidente parentela con modalità, attitudini e teorie già formalizzate nel mondo dell'arte: dalla morte dell'autore alle pratiche situazioniste e processuali; dall'estetica relazionale alla critica istituzionale.

Nulla di nuovo sotto il sole, quindi, se già i situazionisti realizzavano *detour* composti da collage in cui immagini mediatiche e potenzialmente riproducibili venivano abbinate a brevi frasette che ne sconquassavano il significato. Tuttavia,

nell'epoca dell'eterno ritorno del già-visto, del "pop" inteso
«come minestra riscaldata venduta come nuova» e della
trasgressione riassorbita nel perbenismo, certo non può
stupire che i caratteri più demenziali, disillusi e talvolta
caustici di determinate espressioni, ritornino fatalmente —
nell'epoca del *prosumer* — depotenziati, disponibili agli usi e
agli abusi più scontati e infamanti del marketing di prodotto.

E tutto questo non poteva non avere conseguenze anche
nell'arte.

"Ecce MIAGA".

Make Italian Art Great Again… «ma chi-se-ne-frega dell'arte
italiana!». Riconosciuta l'aderenza a certi riflussi ironici
di atmosfera postmoderna e le potenzialità di questo
immaginario visivo, ciò che mi affascinava veramente era
tentare di traghettare questo meccanismo estetico all'interno
della produzione artistica italiana.

Non va sottovalutato che, il meme, è soltanto un mezzo da
piegare alle proprie esigenze e non da subire passivamente,
scadendo in un'autoreferenzialità involontaria che ha come
argomento il medium stesso utilizzato. Esso è solo uno degli
strumenti con cui il giullare contemporaneo può esercitare il
suo mestiere.

Relegarsi esclusivamente ad esso significa privarsi del
bisogno di reinvenzione costante a cui la "società dell'ansia"
ci obbliga a sottostare.

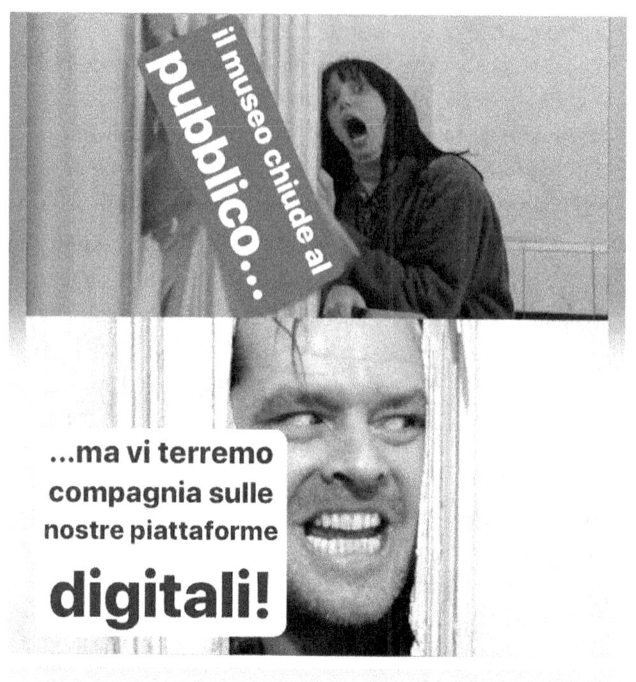

Quando la Comunicazione della mostra

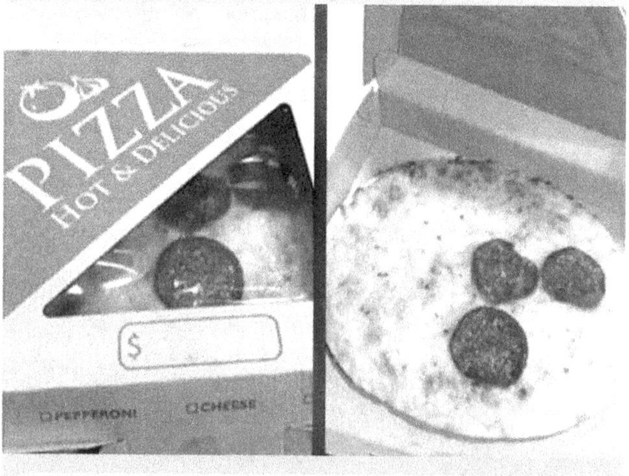

è più importante della mostra stessa

COME L'HO FATTO

Tra la satira e la vignetta, tra il meme e la freddura più populista, l'obbiettivo è stato quello di costruire un personaggio, una figura fuori dal coro, la caricatura di un comico dell'arte che, attraverso lo studio degli strumenti, dei trend e delle modalità comunicative offerte/imposte dalla rete, descrivesse una propria narrazione, esplorando le possibilità interpretative del "creatore di contenuti" nell'epoca della riproducibilità digitale dell'opera d'arte.

Influencer e social media manager sono tra le neo-professionalità emerse con la nascita e lo sviluppo del web 2.0 e dei nuovi media digitali. Attraverso l'imitazione, la parodia e il "verso" di queste figure, ho tentato di interpretare un ruolo, di assumere una posa, dimostrando la natura effimera e ludica di tanta produzione comunicativa e artistica contemporanea.

Se la memetica in arte è, come già detto, diretta erede della storica critica istituzionale, il successo di certi espedienti non fa altro che confermare, ancora una volta, la sempreverde necessità di percorsi ed esplorazioni autoriflessivi della sfera artistica.

Conseguentemente alla crescente, e quasi-inaspettata popolarità della pagina, si sono sviluppati i diversi malintesi — da me stesso successivamente alimentati — intorno alle mie presunte qualità di "comunicatore", "esperto di *social media strategy*" e "influencer" dell'arte. Nulla di strano se qualche testata di settore incomincia ad abbinare questi termini al tuo personaggio; inevitabilmente si innescherà una catena di disguidi e imprecisioni che, per un simulatore e "parodiatore" di attitudini come il sottoscritto, non possono che dimostrarsi oro colato.

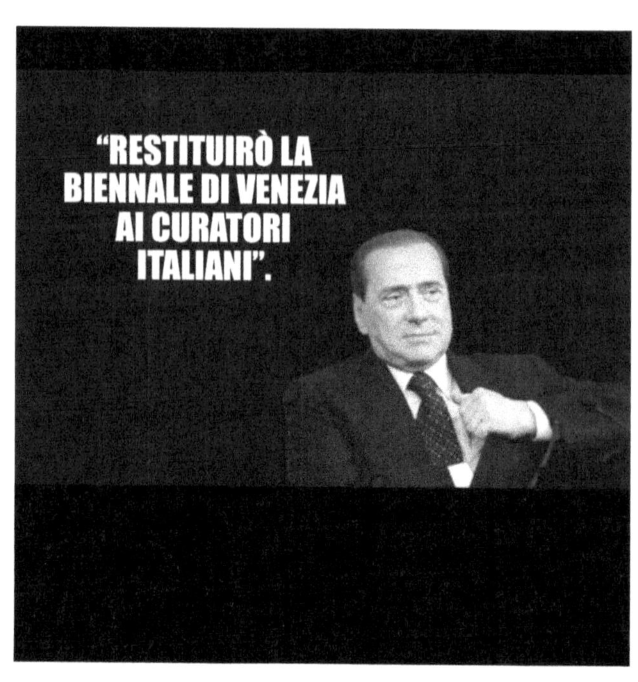
"RESTITUIRÒ LA
BIENNALE DI VENEZIA
AI CURATORI
ITALIANI".

Vorrei concludere qui con una curiosa coincidenza. Nella notte tra il 28 febbraio e il primo marzo 2018 pubblicai il primo mitico meme della pagina — che vedete qui a fianco — con cui denunciavo un argomento che pareva quasi scontato: l'impossibilità di una direzione italiana alla Biennale di Venezia (al di là del solito scontato padiglione italiano). Quando il 10 gennaio 2020 venne ufficializzata la nomina di Cecilia Alemani come Direttrice della kermesse veneziana, fu ovviamente un grandissimo piacere constatare che, a distanza di quasi due anni esatti dalla creazione di MIAGA, qualcosa si fosse mosso, e che l'impensabilità di un evento potesse dimostrarsi realizzabile.

Evento talmente eccezionale da dover essere posticipato al 2022 causa Covid (c'era da aspettarselo!)

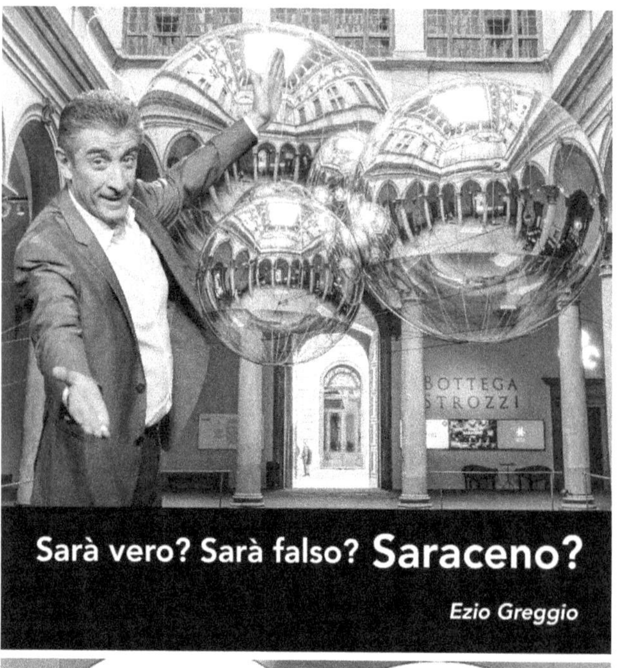
Sarà vero? Sarà falso? Saraceno?
Ezio Greggio

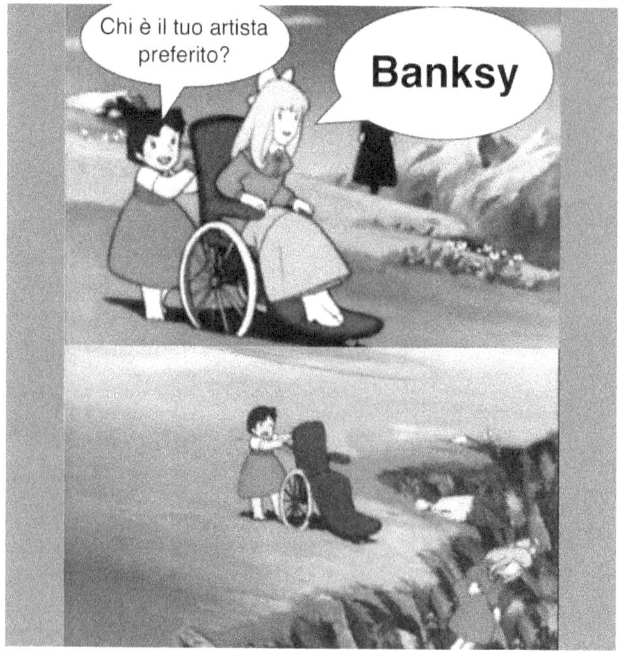
Chi è il tuo artista preferito?
Banksy

S-COMUNICO *ERGO SUM*

Non sono un comunicatore. Tengo a specificarlo perché, nel corso degli anni, si è innescato un inarrestabile *domino* di fraintendimenti — come dicevo, poi da me stesso sostenuti — per i quali mi sono trovato a: partecipare a conferenze in luoghi prestigiosi; essere intervistato su giornali, radio e tv in merito alla situazione della comunicazione dell'arte; essere considerato un esperto di settore. Niente di più montato.

E di tutto ciò — è triste ammetterlo — mi sono rivelato un interprete assolutamente credibile (visto che c'ho campato per tre anni). Mi è andata sempre bene, anche di fronte alle situazioni più complesse. Come quando, descrivendo la comunicazione dell'arte durante il *lockdown*, me ne uscii con l'insopportabile sfrontatezza di quel "ci voleva davvero il Covid per far capire ai musei che il digitale è importante?". Nonostante gli attacchi del momento, il tempo ha saputo darmi ragione (fiuuuù).

Eppure, non credo di averla passata liscia perché possedessi veramente qualche intuitiva e innata capacità. È solo l'ennesimo mediocre esempio di come un passaparola mediatico e ben rilanciato possa costruire una narrazione plausibile attorno a un caso (umano, più che di studio).

Nonostante tutto, ho imparato due o tre cose, e se dovessi mai trovarmi a scrivere un piccolo *pamphlet* intitolato "Storiella della comunicazione dell'arte in Italia", probabilmente lo aprirei così: «Nel calendario maya dei social media manager museali italiani, il 2014 viene identificato come l'anno zero della storia della comunicazione dell'arte contemporanea del Bel Paese,

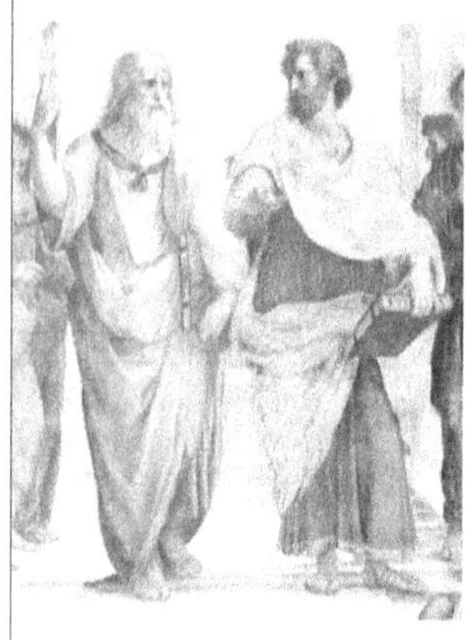

Quando l'artista
spiega il
proprio lavoro

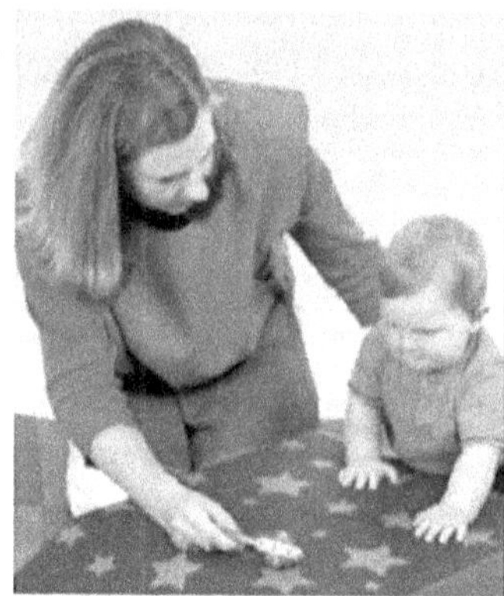

Quando il museo
spiega il lavoro
dell'artista sui social

ovvero quando irrompono sulla scena istituzionale i profili
social della Fondazione Sandretto Re Rebaudengo, gestiti dal
vulcanico e fenomenale Silvio Salvo».

Oggi, la magia della comunicazione sandrettiana sembra
finita e nonostante la trasudante estetica del "boomer"
da tastiera e l'altrettanta quintessenza *cringe* di alcuni
fotomontaggi, i suoi estimatori più fanatici e integralisti
(ancora più *boomer*), sembrano non badare all'evidente
declino creativo del Maestro Yoda. Ma forse è giusto così.
Dopotutto, nessuno metterà in discussione il suo titolo di
guru e punto di riferimento per i nuovi apprendisti jedi degli
uffici stampa dell'arte.

Infatti, c'è chi ha raccolto in maniera egregia e senza
scadere in facili epigonismi la lezione sandrettiana, come,
per esempio, Pirelli Hangar Bicocca con l'*enfant prodige*
Alessandro Cane; Arte Fiera e il suo Davide Gavioli, il vero
"uomo in più" nello staff della storica fiera bolognese e
una delle più belle sorprese delle ultime edizioni; senza
dimenticare il brillante Giuseppe Petrellese, ex-gioiello
del Madre di Napoli, e — a mio modesto parere — il
più forte SMM dei musei d'arte contemporanea italiani
da Trieste in giù. Essere paragonato a loro è stata la vera
grande soddisfazione di questa mia "simulata" avventura
comunicativa.

Terzo tempo
FINISSAGE

Pensatela come volete, ma l'arte contemporanea - nonostante
tutte le buone dichiarazioni di solidarietà - non obbedisce
più in alcun modo alla viscerale necessità di "cambiare
la società". Mi sorge addirittura il dubbio, che questa
supereroistica indole dell'arte sia stata più volte gonfiata
dai posteri per i pruriti più svariati ma tutti archiviabili sotto
l'eterna nostalgica illusione del "si stava meglio, quando si
stava peggio". E se l'arte avesse smesso di generare visione
utopistiche, scenari alternativi e anticipazioni decisive, per
la non-così-scontata constatazione che non è mai stato
veramente così? D'altronde, non puoi smettere di fare una
cosa se non l'hai mai iniziata.

Gira voce che l'artista contemporaneo sia un servo di scena,
un vetrinista del lusso. Ma cosa sono gli artisti se non dei
sempiterni cortigiani al servizio di qualcosa o qualcuno? Che
si chiami Dio, Papa, Napoleone, regime, denaro, o successo,
non è sempre una forma di sudditanza?
Il sistema vuole dei dissidenti incoscientemente complici.
Io preferisco i saltimbanchi consapevolmente camerieri.

Dicono che il mondo dell'arte sia sessista, xenofobo, maschio
bianco castrato, sfruttatore, servo del capitale, rappresentante
del patriarcato e tante altre cose. Non posso che sottoscrivere
questa lodevole caccia alle imposture di cui questo settore
inconfutabilmente si s-fregia.

Tuttavia, non posso altresì nascondere la mia più che
sincera perplessità di fronte agli ostinati tentativi di
compilare elencazioni di neologismi, temi e contrassegni
(rilanciati a suon di *hashtag* e accettati acriticamente).
Basterebbe, a mio parere, un'unica e più efficacemente
sintetica sentenza: vecchio. Sì, il mondo dell'arte è proprio
vecchio: demenzialmente incapace di aprirsi a una società
che cambia troppo velocemente per potersi permettere di
risolvere problemi nuovi con soluzioni stantie. Vecchio
perché prodotto da una struttura economica e orizzonte di
pensiero fallimentari e logori. Vecchio perché inappropriato
nel produrre modelli capaci di rispondere agli stimoli e alle
necessità del futuro.

Al mondo dell'arte, invece che accanirci nel compilare
liste su quante cose brutte è, basterebbe rispondere: "OK,
boomer!".

Molte personalità si saranno sentite prese in causa,
perculate, più o meno direttamente, tanto da voler
astrusamente rivendicare in sede legale i presunti torti subìtl.

Per querele, diffide e scomuniche varie, per favore lasciate in
pace l'editore, e intestate tutto al seguente indirizzo:

Giulio Alvigini
via 'Smadonna del Lago 17
15050 Grebagna (AL)

Sono sempre in tempo per dirvi
«ehi, stavo solo scherzando!»?

Milan Daber

L'insostenibile
leggerezza dell'arte italiana

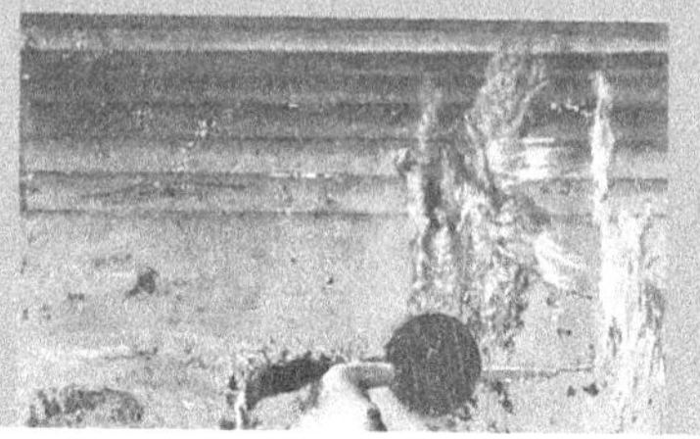

Postfazione
di Maurizio Vallebona

*Oggi un pittore che a venticinque anni non ha raggiunto il
successo, si ritiene un fallito. E cosa fa dopo essersi ritenuto
un fallito? Probabilmente continua a ritenersi un fallito.*
Manuel Vázquez Montalbán, Il labirinto greco

Tutt'altro avevo deciso di scrivere in questa postfazione.
Qualsiasi discorso si faccia adesso rischia seriamente di
apparire giurassico rispetto ai tempi correnti. Dico questo
nei primi giorni in cui, forse, il post-Covid ha sostituito
il post-postmoderno — l'articolato dibattito su cui l'arte
contemporanea da qualche anno si attorciglia — mentre lo
"*zeitgeist*" ci ha consegnato quel clima — ma si potrebbe
dire "climax" — di incertezza assoluta e totale che è
connaturale all'arte contemporanea: un sistema descritto
come elitario e snobistico, ma soprattutto per nulla incisivo
sulla realtà del mondo vero. Ed infatti ciò è vero.

Quindi si reagisce e si parte. E allora via con web-rooms,
visite virtuali, inaugurazioni online ecc.., insomma, un
insieme di apparati un po' scolastici e telefonati, per aiutarci
a superare quell'incertezza ansiosa che serpeggia, neppure
troppo nascosta, tra gli attori (protagonisti?) del rutilante
sistema, su cosa sarà l'arte post-Covid e, soprattutto, sulle
modalità di fruizione della stessa. Il circo ha sospeso il suo
itinere, non sa dove andare e aspetta.

Aspettare, prendere tempo, espressioni che nell'arte
contemporanea sono sempre state accolte con un certo
fastidio. Provate a dire ad un giovane artista che deve
aspettare un paio di anni perché il suo lavoro maturi prima di
fare una mostra e guardate la sua espressione.

Dicevamo: nessun tempo sospeso e via con protocolli comportamentali consolidati e quasi obbligatori, il fare-delle-cose-per-essere-parte-della-cosa (pregasi leggere l'espressione tutt'assieme). Ma per rivolgersi a chi? Oltrepassando la retorica formale del "a tutti", "all'umanità", *in primis*, forse a quell'utenza che Solženicyn definì *obrazovanshina*, desiderosa di feticci come nel Medioevo lo si era delle reliquie dei Santi. È lapalissiano che un sistema in cui vi sia un surplus di offerta e una non altrettanto grande crescita di domanda produca uno squilibrio difficile da sostenere per lungo tempo.

Giulio Alvigini ha sempre, dico sempre, guardato tutto questo con il senso più intimo dell'ironia ed è proprio questo il suo punto cardinale. Era ancora accademico studente e ironizzava su se stesso, sul sistema e, ovviamente, sullo scrivente di queste note. "Bene" dissi "ma se vuoi continuare a farlo e non cadere nella sterile retorica del banale, devi concretizzarlo nel tuo lavoro in qualche modo".

Questa pubblicazione è solo un altro passo in quella direzione, che mi ricorda cosa io non debba fare per cercar e di non essere *obrazovanshina*. Anche se, tempo fa, nel giurassico, quando c'erano i Talk in carne e ossa, mi trovai ad essere d'accordo con una definizione del mondo dell'arte contemporanea: un incrocio tra un mercato degli schiavi, un bordello, Colazione da Tiffany e un circo Barnum.

Conoscete un posto più divertente dove stare?

Manuale per giovani artisti italiani semplici
Meme e sistema dell'arte italiano
di Giulio Alvigini

postmedia books 2020
146 pp. 94 ill.
isbn 9788874902910

Questo libro è stato realizzato in collaborazione con la classe di
Arte e Web del Corso di Laurea Magistrale in Arte, Valorizzazione e
Mercato allo IULM di Milano (a cura dei docenti Anna Manzato, Gianni
Romano e Massimiliano Tonelli) e la disponibilità dell'autore a trattare
ogni singolo aspetto della lavorazione del libro con gli studenti:

Redazione
Melania Andronic, Sara A. Ausilio, Cristina Badelita, Silvia Baschirotto,
Giulia Crippa, Francesca Elia, Ginevra Garroni, Lavinia Guerra, Fabio
Ippolito, Maria Stefania Lo Porto, Carmen Marcianò, Fulvia Messina,
Lucrezia Paris, Lucia Sabino, Lara Tasso, Luigi Todaro, Valentina Trongadi

Promozione e marketing
Beatrice Biason, Valentina Chierichetti, Sara Giordano, Elvira Perlingieri,
Samuela Soldan, Lorenzo Vanda

in questa collana

Finito di stampare nel mese di dicembre 2020
presso *Sartoria editoriale*, Milano

Postmedia Srl
Milano
www.postmediabooks.it